인생은
숙제가 아니라
축제입니다

Seishinkai ga Oshieru 50sai karano Jinseiwo Tanoshimu Rougojyutsu
Copyright © Takashi Hosaka 2011
First published in Japan in 2011 by DAIWA SHOBO Co., Ltd.
Korean translation rights arranged with DAIWA SHOBO Co., Ltd.
Through Shinwon Agency Co., Ltd.
Korean edition copyright © 2025 by Alchemist

이 책의 한국어판 저작권은 Shinwon Agency를 통해
DAIWASHOBO CO., LTD.와의 독점계약으로 알키미스트에 있습니다.
저작권법에 의해 한국 내에서 보호를 받는 저작물이므로
무단 전재와 무단 복제를 금합니다.

인생은
숙제가 아니라
축제입니다

호사카 다카시 지음
황혜숙 옮김

Alchemist

인생을 꼭 완벽하게 이해할 필요는 없다.
인생은 축제와 같은 것.
매일매일 일어나는 그대로 맞이하라.
바람이 불 때 떨어지는 꽃잎을
아이들이 귀한 보물처럼 여기듯이.

— 라이너 마리아 릴케

들어가는 말

열심히 살아온 당신을 위한
축제의 시간

"요즘이 내 인생에서 최고의 시간입니다."

미국 제39대 대통령을 지낸 지미 카터는 70세 생일을 맞아 이렇게 말했다. 대통령이었을 때보다 더 나은 인생을 보낼 수 있는 시간, 노년은 그런 시간이어야 한다. 카터는 퇴임 후에도 왕성하게 활동했다. 특히 전 세계 가난한 사람들에게 집을 지어주는 국제 해비타트의 '사랑의 집 짓기' 운동에 적극 참여했다. 세계 평화를 위한 여러 활동으로 2002년 노벨 평화상까지 받았다.

인생이 정말 길어졌다. '80세 시대'를 넘어 이제는 90세, 100세 시대로 가고 있다. 과거에 비하여 풍요로운 식생활과 높은 의료 수준 덕분에 요즘 60, 70대는 예전과는 완전히 다르다. 여전히 기운이 넘친다. 요즘은 노년이 인생의 자투리 시간이 아니라, 오히려 인생을 만끽할 수 있는 소중한 시간이 되었다. 그러나 아직도 노년이 쓸쓸하고 허전할 거라고 불안해하는 사람이 많다. 그 이유는 뭘까?

나는 50년 가까이 사람들의 마음 건강을 돌봐온 정신건강의학과 의사다. 내 진료실에는 삶의 목적을 잃고 우울증에 걸린 사람, 도박 중독자, 외로움으로 정신적 문제를 앓는 환자들이 방문한다. 그중에는 중년이나 노년도 꽤 많다.

이렇듯 노년을 힘겹게 보내는 사람도 있지만, 반대로 적극적으로 즐기는 사람도 있다. 사회적 불평등은 노년의 삶에 상당히 영향을 끼쳐서 이런 '쓸쓸한 노년'와 '즐거운 노년'의 격차가 점점 벌어진다. 이는 사회적 차원에서 꼭 해결해야 할 문제지만, 개인적 차원에서도 해결책은 있다. 바로 <u>노년에 대한 우리의 인식과 태도를 건강하게 바꾸는 것이다.</u>

불과 10~20년 사이에 가족의 형태나 인간관계가 많이 달라졌다. 저출산과 일인 가구 증가는 새로운 표준이 된 지 오래다. 그렇다면 노년의 모습은 어떤가? 자녀가 있다고 해도 결국에는 부부 두 사람, 또는 홀로 노후를 챙기는 일이 당연해졌다. 그러므로 생기 있고 즐거운 노후를 보내기 위해서는 나이와 상관없이 나 자신이 세상에서 가장 소중하다는 생각으로 하루하루 소중히 보내는 마음가짐이 필요하다. 아니, 그 이상으로 매일 최선을 다해 즐기려는 낙천적인 태도가 필요하다. 주위에서 '왜 이렇게 태평해?'라고 놀랄 정도가 좋다. 그런 자세가 몸에 배려면 40, 50대부터는 서서히 인생의 궤도를 전환해야 한다.

50대는 인생의 반환점이다. 경제적 부, 사회적 성공, 가정의 풍요. 이제껏 이런 것들을 위해 열심히 달려왔다면, 지금부터의 시간은 조금씩 나에게 집중해야 한다. 어떻게 해야 건강한 몸과 마음으로 남은 인생을 즐길 수 있을까 신경 쓰는 것이 좋다.

마음만은 여전히 젊은 것 같지만, 몸의 노화는 은밀하고 빠르게 다가온다. 퇴직을 맞거나 손주가 태어나는 등 특별한 사건으로 불쑥 노후를 자각한 뒤에는 생활 습관을 바꾸기가 더욱 어렵다. 큰 병을 예방하려면 정기적으로 건강 검진을 받고 생활 습관도 점검해야 한다. 이처럼 인생 후반을 위한 준비도 미리 할수록 좋다.

이 책은 50대 독자를 생각하고 썼지만, 어디까지나 참고 기준이다. 아직 40대라고 해도 문득 '젊음이 언제까지 유지되는 건 아니구나'라는 생각이 들면, 곧바로 책장을 펼치자. 60대도 당연히 늦지 않았다. 조금씩 노년을 염두에 두며 거기에 대비한 삶의 방식을 준비하고 익혀나가자. 그러면 본격적으로 노후가 찾아와도 당황하지 않을 것이다.

그럼 지금부터 인생 후반을 활력 있고 즐겁게 보내기 위해 생각을 전환하는 방식과 올바른 생활 습관 등을 구체적으로 소개하겠다. 이미 노년에 접어든 사람도, 노후를 대비하는 중년도 잘 활용할 수 있는 유용한 정보들이다.

노년의 삶은 성인 인생의 절반을 차지하는 긴 시간이다. 인생을 나답게, 오래도록 행복하게 살기 위해 이 책에서 소개하는 방법을 하나둘 적용해보고, 온전한 '내 것'으로 삼아주기를 바란다. 지금껏 그 누구보다 열심히 살아온 당신이, 귀한 축제 같은 이 시간을 온전히 만끽할 수 있기를 진심으로 응원한다.

차례

들어가는 말　열심히 살아온 당신을 위한 축제의 시간　6

1장　세상에서 가장 소중한 금은 바로 지금입니다
매일 더 행복해지는 마음 연습　13

인생의 반환점에서 꼭 필요한 것 | 노년의 모습을 구체적으로 그려라 | 즐겁지 않은 삶은 의미가 없다 | 노년에도 할 일은 필요하다 | 세상에서 가장 소중한 금은 바로 지금 | 지금부터 하루에 세 번씩 할 일 | 남에게 잘 보이려고 애쓰지 않는다 | 스트레스를 해소할 나만의 방법을 찾는다 | 내가 점점 좋아지는 비결 | 하루에 하나씩 새로운 발견 | 달력을 넘기다가 깜짝 놀랐다면 | 좋은 일이 매일 일어나는 습관 | 흘러간 것에 미련 두지 말 것 | 늙어가는 게 아니라 익어가는 겁니다 | 행복에 가까워지는 간단한 인생철학

2장　당신이 걸어가는 모든 길이 꽃길
즐기고 배우면서 삶을 가꾸는 법　61

두 번째 인생을 살아갈 기회 | 나이 들어 인생을 꽃피운 사람들 | 이 말만은 절대로 금물 | 언제까지 쉴지 미리 정하자 | 젊은 날의 취미를 다시 한 번 | 취미를 언제부터 시작하면 좋을까? | 문화센터를 활용하자 | 삶에 리듬감을 불어넣는 일정 관리 | '노' 대신 '예스'라고 해보자 | 퇴직 후에는 모임이 필수 | 자격증에 도전해보자 | 결과보다 과정을 즐겨라 | 늦깎이 대

학 생활도 오케이! | 단계별 목표 설정으로 성취감을 높이자 | 목표는 여유 있게 | 할 수 있는 일을 하자 | 과거의 영광에 매달리지 말자 | 나눌수록 얻게 되는 것

3장 인생 후반의 행복은 관계에 달렸다
담백하게 오래가는 인간관계의 비결   119

먼 친척보다 가까운 이웃 | 주민회의에 참여해보자 | 남들과 비교는 이제 그만 | 부정적 감정을 다스리는 법 | 적당히 거리를 둔다 | 부담 없는 관계가 오래간다 | '아니면 말고'의 자세로 살아가자 | 사람의 마음을 사로잡는 대화법 | 칭찬은 고래도 춤추게 한다 | 부모 자식 사이에도 지나친 의존은 그만 | 소원했던 친척에게 연락해보자 | 정말 힘들 때는 솔직하게 도움을 청하라

4장 기분이 산뜻해지는 일상 노하우
멋진 노년으로 살아가는 14가지 기술   161

집을 정리하자 | 인생의 전환기마다 대청소를 | 노후의 돈 문제를 해결하는 법 | 돈을 쓸 때 주의할 점 | 큰돈 번다는 이야기는 듣지도 말하지도 말라 | 돈 관리는 누가 해주지 않는다 | 추억이 깃든 물건은 최대한 단출하게 | 쇼핑은 기분 좋을 때만 | 쓸 때는 통 크게 쓰자 | 심각한 중독은 절대 피할 것 | 같은 곳에 이틀 연속 가지 말자 | 매일 사람과 대화할 것 | 매사 장점부터 생각하자 | 행복을 향한 발걸음에 늦은 때란 없다

5장　당장 실천할 수 있는 건강 관리법
몸과 마음이 튼튼해지는 13가지 비법　　　　　　　　207

건강 관리의 기본은 체중 조절 | 만보기로 하루 운동량을 체크하자 | 우울증을 물리치는 최적의 운동 | 영양 균형을 맞추는 식습관 | '콩깨미채생버감'만 기억하자 | 체온을 높이는 방법 | 피로를 쌓아두지 않는다 | 공짜로 얻을 수 있는 최고의 보약 | 가장 손쉽게 뇌를 단련하는 법 | 불행을 물리치는 기술 | 담배를 끊기 힘들면 차라리 음미하라 | 등을 곧게 펴고 다니자 | 기분이 우울할 때 효과적인 복식 호흡법

6장　바로 지금부터 행복할 것
인생을 100퍼센트 즐기는 삶의 태도　　　　　　　　245

엔딩 노트를 써보자 | 모든 일에 완벽할 수는 없다 | 행복해서 웃는 게 아니라 웃어야 행복하다 | 남을 웃기면 내 기분도 좋아진다 | 힘든 고민이 있다면 그냥 두자 | 끝난 일은 잊어버리자 | 행복을 부르는 마법의 주문

나가는 말　신이 주신 최상의 선물　　　　　　　　268

1장

세상에서 가장 소중한 금은 바로 지금입니다

매일 더 행복해지는 마음 연습

마음이 현재에 머무르는 사람이 행복하다.
과거에 있으면 후회하고,
미래에 있으면 불안해진다.

— 루키우스 안나이우스 세네카

인생의 반환점에서
꼭 필요한 것

정신없이 앞만 보며 살다 보니, 어느덧 인생의 절반이 훌쩍 지나버렸다. 나이는 먹었어도 마음은 여전한 것 같지만, 어느새 머리는 희끗해지고 글을 읽을 땐 돋보기부터 찾게 된다. 노화의 그림자가 눈앞에 어른거리기 시작하는 것이다.

자식은 독립하고 주변 사람이 하나둘 퇴직하는 모습을 보면, 노년이 멀지 않았다는 것을 실감하게 된다. 친구나 직장 동료와 수다를 떨 때도 '퇴직하면…', '노후에는…' 같은 이야기를 점점 더 많이 하게 된다.

이때 사람들은 대개 '노년에는 유유자적 살고 싶다', '퇴직하면 좋아하는 일만 하며 마음 편히 살 거다'라고 말한다.

하지만 그게 가능할까? 그저 유유자적하며 보내기에 노년은 정말 길다. 성인 이후부터 계산하면, 50대까지 약 30년을 살아온 셈이다. 평균 수명을 80세라 치면, 노년으로 살아갈 시간이 적어도 지금껏 살아온 인생만큼 남은 것이다.

현실적인 문제들도 있다. 경제적 문제도 있고, 건강 문제도 있다. 인생 후반은 어떤 험한 오르막도 씩씩하게 오를 수 있었던 인생 전반과는 다르다. 무리를 하다 넘어지지 않도록, 완만한 언덕길도 조심조심 내려가야 한다.

지금 인생의 반환점에 서 있다면, 이런 현실을 인식하고 이전과는 다른 삶을 조금씩 준비해야 한다. 그중에서 가장 중요한 준비물이 건강과 취미다. 이 두 가지만 잘 챙겨도 행복한 인생을 보낼 수 있다. 인생 마지막에 찾아오는 노년은 직장이나 육아 부담에서 해방되어, 나만의 여유를 온전히 즐길 수 있는 선물 같은 시간이기 때문이다.

미국의 문학평론가 로건 스미스는 이렇게 말했다.

주름살 건너편에도 상상 이상으로 많은 행복이 있다.

혹시 젊은이들을 보고 부러워하며, 흘러간 청춘이 그립다고 느낀 적이 있는가? 그런 아쉬움은 접어두어도 좋다. 우리에게도 젊을 때부터 꿈꿔온 자유롭고 즐거운 인생이 시작될 테니까.

취직·직장 생활·결혼·육아 등 수많은 책임감이 눈앞에 기다리는 젊은이들이, 오히려 부러워할 만한 나날을 보낼 수 있다. 하지만 그런 신나는 노년을 위해서는 바로 지금부터, 즉 인생의 반환점을 바라보는 나이부터는 조금씩 가치관을 조정하고 앞날에 대비해야 한다. 가장 나다운 삶의 방식이 무엇인지 생각해보고, 그 방향으로 힘차게 나아가자.

무슨 일이든 준비 없이 좋은 결과를 기대할 순 없다. 막연하게 노년을 맞으면, 틀림없이 쓸쓸해진다.

노년의 모습을
구체적으로 그려라

"노후에 걱정되거나 불안한 일이 무엇인가요?"

사람들에게 물어보면, 보통 첫째로 '나와 가족의 건강', 그리고 '노후 자금' 순서로 대답한다. '나이가 들어서 기력이 쇠하면 어쩌지?', '아플 때 의료비는 어떻게 감당할까?' 같은 걱정이 노년에 어두운 그림자를 드리우는 것이다.

반면에 '노년에도 계속 일하고 싶다'든지 '취미를 즐기며 살고 싶다', '뭔가 보람 있는 일을 하면서 살고 싶다'고 생각하는 사람도 많다. 물론 걱정만 하는 것보다 훨씬 낫지만, 막연하게 무언가 하고 싶다는 마음만로는 안 된다. 애매한 마음가짐으로는 노후를 제대로 준비할 수 없기 때문이다.

물론 본격적인 노후까지 아직 시간이 있는 50대와 노후가 눈앞으로 다가온 60대 사이에는 절실함에 차이가 있을 것이다. 하지만 인생을 그저 강물이 흐르는 것처럼 되는대로 흘려보내다가 노후를 맞으면, 어느새 망망대해에서 정처 없이 표류하는 자신의 모습을 보게 된다.

50대를 바라보고 있다면, 지금부터는 '노후에는 유유자적하고 싶다'든지 '뭔지 모르지만, 보람 있는 일을 하고 싶다'는 막연한 생각에서 한 걸음 나아가자. 좀 더 구체적으로, 자신이 살고 싶은 노년의 이미지를 그리기 시작해야 한다.

즐겁지 않은 삶은
의미가 없다

　에도시대의 학자 가이바라 에키켄은 노년에 관해 여러 책을 남겼다. 그중에서도《양생훈》은 일본 건강서의 시초라 할 수 있는 유명한 책이다. 그런데 그가 본격적으로 작가로 활동한 것은 70세에 은퇴한 뒤부터다. 85세로 사망하기 전까지 무려 30여 권의 책을 썼고, 대부분 베스트셀러가 됐다.

　무병장수를 위한 건강서의 저자라는 점 때문에, 에키켄은 금욕을 강조했을 것 같다. 하지만 실제로는 "즐겁지 않으면 살아가는 의미가 없다"는 철학을 강조했다. 의외로 철저한 쾌락주의자였다고 할까.

　에키켄은 또 다른 대표작《악훈》에서 인생을 즐기는 방법을 다음과 같이 설명한다.

> 사람의 마음속에 원래부터 즐거움이 있다. (…) 즐거움은 사람이 타고난 하늘의 섭리니, 즐기지 않고 하늘의 도리를 등져서는 안 된다.

사람은 이 세상에 즐기기 위해 태어났으니, 즐기지 않는 것은 세상의 도리에 어긋나는 것이다. 속이 시원한 말이다. 또한 그는 "내가 살아 있음을 마음속으로 조용히 기뻐하고 싶다. 이런 경지는 노후가 되어야 알 수 있다"고 말하곤 했다. 이루기 힘든 수많은 욕망에 허덕이지 않고, 그저 건강하게 하루를 보낸다는 것만으로도 마음속에 즐거움을 가득 안고 살수 있는 시기가 바로 노년이다.

그렇다면 에키켄은 어떤 즐거움을 누리고 살았을까?
앞서 말했다시피, 그는 늦은 나이에 글쓰기를 시작했다. 은퇴 후에 꼭 하고 싶은, 인생에서 가장 즐거운 일이었기 때문이다.
또한 그는 소중한 이들과의 관계에 집중했다. 특히 아내도켄과는 같은 취미를 즐겼다. 친구들 모임에서 에키켄이 비파를 뜯으면, 도켄은 거문고로 합주했다고 한다. 얼마나 멋진가? 도켄은 에키켄의 초고에 의견을 보태며 퇴고를 도왔고, 함께 온천 여행도 다니는 등 이상적인 노후를 보냈다.

다른 사람 눈치 보지 않고 하고 싶은 일을 하고, 사랑하는 이들에게 집중할 수 있는 시간. 그게 노년만이 누릴 수 있는 행복이 아닐까?

눈 깜짝할 사이에 중년이 되고, 노년에 접어들었다고 슬퍼하지 말자. 여전히 남은 인생이 길다. 이왕이면 제대로 준비해서 이 선물 같은 시간을 만끽하자.

노년에도
할 일은 필요하다

일과 삶의 균형이라는 '워라밸'이란 말과 달리, 우리 세대는 대부분 직장에 몸과 마음을 바치며 살아왔다. 그래서인지 퇴직 후에는 더 이상 일하지 않고 살고 싶다는 기대를 은근히 품는다. 회사와 집안일에 치여서, 놀고먹는 생활이 부럽게 느껴지는 것이다.

그러나 막상 일손을 놓으면 행복할까? 실제로 일 없이 노후를 보내는 이들을 만나보면, 대부분 즐겁다기보다는 고역이라고 말한다.

오랜만에 긴 휴가를 떠났다고 생각해보자. 며칠 전부터

설레겠지만, 정작 휴가지에서 걱정 없이 푹 쉬면서 '아, 천국이 따로 없네'라고 느끼는 것은 처음 며칠뿐이다. 쌓인 피로가 점점 풀리면, 얼마 안 가서 따분함이 밀려온다. 오히려 회사 일이 계속 머리에 맴돌기도 한다.

아이들 양육과 집안일까지 맡기고 홀로 출장이나 여행을 떠났을 땐 어땠는가? 실컷 자유를 만끽하는 것도 잠시, 막상 여행지의 자유를 즐기기는커녕 집에 있는 가족이 걱정돼서 "별일 없어? 오늘은 뭐 먹었니?"라며 전화하게 된다.

황금연휴에 실컷 빈둥거리고 난 뒤엔 또 어떤가? 나태하게 시간을 보낸 자신에 대한 혐오에 빠진 적은 없는가?

그런데 노후에는 이런 날들이 '쭉' 이어진다. 오랫동안 계속해온 일을 그만둔 뒤라, 허무함도 더 심하게 밀려온다.

<u>인간은 누구나 얽매이지 않고 자유롭게 살기를 원하지만, 동시에 자기 삶에 목적을 가지고 살기를 원한다.</u> 그래서 더 이상 아무런 삶의 이유와 목적이 없다는 현실은 한창 바쁘게 일할 때 상상하던 천국 같은 나날과는 다르다. 퇴직 후 매일 무료하게 보내다가 기력이 떨어지고 우울증에 걸리는 사람들을 많이 봤다. 그저 유유자적하는 것만으로는 활기 있게

살기가 쉽지 않다.

그래서 나는 퇴직 후에 더 바쁘게 살 만한 것들을 찾으라고 말한다. 고된 노동을 또 시작하라는 말이 아니다. 의미 있게 시간을 보낼 만한 것들을 찾으라는 말이다. 그저 멍하니 그저 시간을 보내며 지내는 것을 영어로는 '시간을 죽인다Kill time'고 표현한다. 적절한 표현이다. 다만 시간을 죽이려다 자기 자신까지 죽이는 건 Kill myself 아닌지 조심하자.

세상에서 가장 소중한 금은
바로 지금

시간을 죽이려다 인생까지 죽이지 않으려면 어떻게 해야 할까? 내가 권하는 방법은 별거 아닌 일, 매일 당연하게 지나치는 일들에서 재미를 찾는 것이다.

어린 시절을 떠올려보자. 매일매일 가슴 두근거리는 일이 얼마나 많았던가? 그저 특이한 모양의 구름을 발견하거나, 두발자전거만 혼자 탈 수 있게 되어도 즐거웠다.

그러나 어느덧 머리가 굵어지면서 시험공부에 쫓기고, 사회에 나가서도 치열한 경쟁에 등 떠밀려왔다. 가슴 두근거리는 일도 어느샌가 하나둘 줄어들면서 매사에 둔감해진다. 그런 습관이 완전히 자리 잡은 채 나이가 들면, 웬만한 일로는 마음이 움직이지 않게 된다.

이런 조짐이 보이면, 서둘러 마음을 재정비할 때다. 모든 일에는 빛과 어둠이 공존한다. 노년도 마찬가지다. 나이 들면서 더 깊어지는 것이 있는가 하면, 당연히 쇠약해지는 것도 있다. 그중 하나가 마음의 유연성과 변화에 대처할 수 있는 능력이다.

재미있는 일이라고는 없는 세상을 재미있게 살아내는 것은 마음먹기에 달렸네.

에도시대 말기의 개혁가 다카스기 신사쿠는 이렇게 말했다. 굉장히 유연하면서 소탈한 사고방식이라고 할까.

다만 이런 사고방식은 나이가 들수록 갖기 어려워지니, 한 살이라도 젊을 때인 바로 지금부터 별거 아닌 일에 재미 붙이는 습관을 들이자. 인생을 즐기기 위해서는 미루는 버릇을 없애야 한다. 명심하자. 세상에서 가장 소중한 금은 바로 지금이다.

퀴즈를 풀거나 글을 쓰거나 바둑, 장기 같은 게임을 즐기는 것도 좋다. 단 유튜브 시청처럼 수동적인 일은 자제하자.

능동적으로 참여할 수 있는 활동이 좋다. 이런 활동은 재미도 있으면서 세상을 긍정적으로 바라보는 관점도 길러준다. 또한 뇌를 훈련시켜 치매를 예방하는 효과도 있다.

지금부터 하루에
세 번씩 할 일

노년에는 반드시 유머 감각을 갖춰야 한다. 개그맨이 되라는 말이 아니다. 늘 마음에 여유와 지성을 갖추라는 뜻이다. 유머와 재치는 바로 거기서 생긴다. 여유와 지성이 없으면 재치 있는 사람이 되기는커녕, 그런 말을 들어도 맥락조차 제대로 이해하지 못해 사람들과 어울리지 못한다.

나는 병원을 찾아온 환자에게 일부러 농담할 때가 있다. 만약 환자가 조금이라도 웃으면 아주 심각한 상태는 아니다. 그러나 어떤 농담에도 반응이 없으면, 정신적인 문제를 안고 있는 경우가 많다.

농담이 객관적으로 얼마나 재미있는지와는 별개다. 다른

사람의 유머에 공감하는 정도가 개인의 정신적 문제의 정도를 판단하는 기준이 된다.

유머 감각은 타고나는 게 아니다. 자신이 처한 상황을 어떻게 받아들이고, 이를 긍정적으로 잘 표현하는지와 관련이 있다. 이것은 평소 마음먹기에 따라 달라진다.

토머스 모어는 영국의 정치가이자 유명한 인문주의자다. '유토피아'라는 말을 만들어낸 장본인이기도 하다. 헨리 8세의 폭정에 반대했다는 이유로 1535년 단두대에서 처형되었는데, 그때 자기 목에 도끼를 휘두르려는 사형 집행인에게 마지막으로 이런 말을 남겼다고 한다. "나는 목이 짧으니 잘 내려쳐야 하네. 자, 자네 솜씨를 보여줄 때라고!"

그는 평소에도 이렇게 기도했다고 한다. "주여, 저에게 유머 감각과 농담을 이해하는 지혜를 주소서." 팍팍한 우리 삶을 견디게 하는 것이 바로 유머의 힘이라는 것을 위대한 사상가는 잘 알고 있던 것이다.

이처럼 자신의 상황을 활용한 적절한 농담은 곧이곧대로 받아들이면 화나고 우울해지는 일들, 예컨대 노화라든지 질병 같은 일들을 웃음으로 전환하고 삶에 다시 활기를 불어넣는다. 이것이 웃음의 힘이다. 어릴 때 하루에 세 번 양치하라는 말을 듣지 않았는가? 나는 노년에는 적어도 하루에 세 번씩 웃으라고 말해주고 싶다.

남에게 잘 보이려고
애쓰지 않는다

"저희 아버지는 70세가 훌쩍 넘었지만, 여전히 건강하세요. 동네 유적지에서 안내원 자원봉사를 하고 계셔서 매일 바쁜 일과를 보내십니다. 요즘에는 외국인 관광객이 많이 늘었다며, 얼마 전부터 영어 공부도 시작하셨더라고요."

"저희 어머니는 제가 졸업한 대학에 입학해서 심리학을 공부하고 계세요. 심리상담사 자격을 따겠다고 열심인데, 저도 덩달아 뭘 해야 할 것 같다니까요."

주변에서 들리는 근황을 듣다 보면, 요즘에는 노인들도 보람 있는 일을 하려고 열 올리는 경우가 꽤 늘어난 것 같다. 언론에서도 이런 훌륭하고 멋진 삶을 사는 이들의 이야기를 자주 다룬다. 삶의 보람을 찾아 노후를 멋지게 보내는 사람들의 이야기를 들으면 머리가 저절로 숙여진다. 그래서인지 노후에도 꼭 어떤 공부를 시작하거나 자원봉사 같은 걸 해야 한다고 생각해서, 무리하는 이도 늘고 있다.

그들에게 보람 있는 삶이란 누가 봐도 훌륭하다고 감탄하는 삶이다. 그러면서 "퇴직하고 벌써 1년이나 지났는데 보람 있는 일을 찾지 못해서 불안하다", "뭔가 제대로 할 일을 찾지 못한 내가 너무 한심하다"는 식으로 자신을 점점 몰아세운다. 극단적으로 우울증에 빠지거나 도박과 음주, 사이비 종교에 심취하는 사람도 많다.

대체 보람 있는 인생이란 어떤 걸까? 별다른 게 아니다. 내가 살아가는 데 의욕을 주고, 살아 있기를 잘했다고 만드는 일을 하는 삶이다. 남들 눈에 거창하지 않아도 삶에 의욕을 불러일으키는 게 있다면, 그게 무엇이든 보람 있는 일이 되는 것이다.

좋아하는 가수의 콘서트에 가거나, 좋아하는 책을 필사한다. 집을 정성껏 정돈하거나, 자신과 배우자를 위해 요리를 만든다. 이런 일상에 스스로 만족한다면, 그것으로 이미 보람 있는 멋진 삶을 살고 있는 셈이다.

　남에게 잘 보이는 일, 남이 훌륭하다 칭송하는 일을 해야만 보람 있는 게 아니다. 그런 착각에 빠져 있으면, 노후가 무겁게만 느껴진다. 정신적으로 좋을 게 없다. 만약 누군가 노후에 새로운 분야를 공부한다거나, 지역 사회에 공헌하는 활동을 시작했다거나, 무언가 멋진 일을 하고 있다는 말을 들어도 초조해하지 말자. 다른 사람이 어떤지 신경 쓰다가 정작 나만이 가진 보물을 놓칠 수 있다.

　다른 사람의 눈치를 보는 건 그만두자. 그 대신 내면의 목소리에 귀를 기울이자. 나만의 사소한 기쁨만으로도 노후를 가치 있고 보람 있게 만들기에 충분하다.

스트레스를 해소할
나만의 방법을 찾는다

　선배 중에 이렇게 말하는 분이 있다. "난 매일 밤, 잠들기 전에 마시는 술 한두 잔에 사는 보람을 느껴."
　한창 일할 때는 일생을 의료에 바치겠다는 말을 입버릇처럼 했고, 퇴직 후에는 지방 의료에 헌신하겠다는 포부를 밝히던 분이었다. 그러나 불행히도 아내가 치매에 걸리고 말았다. 선배는 자식들에게 부담을 주고 싶지 않다며, 아내의 병시중을 자처했다.
　지금도 아내를 계속 돌보고 있는데, 자신에게도 즐거움이 필요해서 매일 밤 아내가 잠들면 거실로 나가 좋아하는 술을 마신다고 한다. 아내를 돌보는 일과 한두 잔의 술, 이 두 가지가 지금 그의 인생에서 중요한 것이다.

의사는 전부 술을 멀리할 것 같지만, 꼭 그런 건 아니다. 물론 과음은 안 되지만, 약간의 음주는 상황에 따라 약이 된다. 선배는 건강을 위해, 그리고 아내가 갑자기 깨는 경우를 대비해 작은 잔으로 한두 잔 정도만 마시고 있다. 상당한 애주가였던 그로서는 절제하고 있는 셈이다. 그 대신 품질 좋은 술을 고른다. 곁들이는 안주도 인터넷 주문을 통해 전국 각지의 맛있는 음식을 즐기고 있다고 했다.

사람 좋아하던 그가 한창때 즐겼던 왁자지껄한 술자리와는 사뭇 다를 것이다. 아내를 수발하다 누리는 잠깐의 휴식. 조용한 '혼술'이지만, 한두 잔만으로 하루의 피로를 씻기에 충분하다며 싱글벙글 웃는 모습을 보면 어딘가 마음이 짠하면서도 미소 짓게 된다.

오랫동안 바란 노후의 꿈이 깨진 데다 매일 아내를 간병하는 일이 힘에 부칠 때가 있을 것이다. 그러나 그는 매일 밤 자기만의 방법으로 스트레스를 잘 다스리고 있었다. 술잔을 기울이며 '오늘 하루도 무사히 지났네'라며 감사한다고 한다. 자칫 우울할 법도 한 일상이지만, 이렇게 작은 일에도 감사하는 마음이 있기에 즐겁게 살아가는 게 아닐까?

불교 경전인 《화엄경》에는 일체유심조, 즉 모든 것은 오직 마음이 지어낸다는 가르침이 있다. 어떤 상황에서든 마음을 어떻게 먹느냐에 따라 아무리 사소한 일이라도 사는 보람이 될 수 있다는 걸 보여주는 좋은 예다.

내가 점점
좋아지는 비결

이 세상에서 우리가 가장 아껴야 하는 사람은 누구일까? 바로 나 자신이다. 자신을 사랑하지 못하면서 다른 사람을 제대로 사랑하는 것은 너무 어렵기 때문이다. 하지만 내 병원에도 자신을 과도하게 부정하는 사람들이 수없이 찾아온다.

그들에게 "자기 자신을 좋아하십니까?"라고 물으면 "아뇨. 저는 얼굴도 별로고, 머리도 나빠요. 잘난 구석이 하나도 없는데 어떻게 좋아하겠어요?"라는 식으로 답한다. 진심이라면 그 삶이 얼마나 힘들었을까. 하지만 지금까지 어떻게든 살아왔다는 건, 분명 '이런 건 내 장점이지' 하고 스스로 인정할 부분이 반드시 하나쯤은 있다는 뜻이다.

인생을 40~50년 정도 살다 보면, 적어도 자기 자신에 대해서는 어느 정도 알게 된다. 아무리 이상이 높은들 거기에 미치기 힘들다는 건, 실은 누구보다 자신이 가장 잘 안다. 하지만 설령 이상적인 모습이 되지 못하더라도, 우리는 그런 부족한 모습으로 인생을 헤쳐 나가야만 한다.

그렇다면 의미 없는 자기부정 대신, 있는 그대로의 자신을 좋아한다고 당당히 말해볼 순 없을까? 외모도 능력도 별로고, 어디 하나 잘난 것 없다고 느끼는가? 그러면 매일 아침 일어나거나 밤에 잠들기 전에 자신을 하나씩 칭찬하는 버릇을 들여보자. '내가 봐도 이런 점은 썩 괜찮은 것 같아'라고 생각한 부분을 크게 칭찬해주는 것이다.

가령 외모가 자기 마음에 안 들더라도, 뽀얀 피부만큼은 자신 있을 수 있다. 그렇다면 매일 아침 거울을 볼 때 이렇게 칭찬해보자. "피부가 참 희고 뽀얗네. 만나는 사람마다 부럽다고 칭찬받는걸."

또는 특별한 능력은 없어도, 뭔가 끝까지 포기하지 않는 근성은 누구에게도 지지 않을 자신이 있다고 해보자. 그런 사람은 자신에게 이렇게 칭찬해보자. "오늘도 늦게까지 최선을 다했네. 내가 생각해도 자랑스러워."

이때 마음속으로 속삭이지 말고, 꼭 소리를 내서 자신을 칭찬하자. 말에는 힘이 있다. 똑같은 말도 입 밖으로 내뱉고, 귀로 들으면 마음 깊은 곳에 닿게 된다.

이렇게 칭찬하는 습관이 몸에 배면, 딱히 이전과 달라진 것이 없어도 점점 자기 자신이 좋아진다. 있는 그대로의 나를 좋아하면, 서서히 늙고 약해지는 모습까지도 순순히 받아들이게 된다.

자신을 좋아한다고 자신 있게 말하는 이의 표정에는 서서히 자신감과 기품이 깃든다. 그에게는 은은한 석양이 비추듯, 조용한 행복이 가득한 멋진 노후가 기다리고 있다.

하루에 하나씩
새로운 발견

매일 되풀이되는 일상은 변화가 없는 것처럼 느껴진다. 일이라도 할 땐 늘 뭔가에 쫓기듯 바빠서 정신이 없고, 자식을 기를 땐 아이의 성장과 함께 예상치도 못했던 사건이 종종 일어난다. 언뜻 변화 없는 일상처럼 보여도, 매일 소소한 일들은 반드시 벌어진다.

그러면 노년은 어떨까? 앞서 말한 소소한 일조차 거의 없고, 그야말로 평온한 나날이 이어진다. 이런 생활은 변화가 없고 지루할 수 있다. 마음의 움직임이 적어지고 생기도 점점 사라진다. 이런 상태를 방치하면 어느새 멍해지고, 심하면 우울증을 앓을 수도 있다.

중년에 접어들었다면, 이런 평범한 일상도 지루해하지 않고 잘 지낼 수 있는 훈련을 조금씩 시작하는 게 좋다. 훈련이라 해서 거창한 건 아니다. 하루에 하나, 새로운 발견을 하자고 마음먹는 것으로 충분하다. 이때 발견은 새로운 일이나 대상과의 만남을 말한다.

아무리 나이를 먹어도 새로운 것과의 만남은 두근두근한다. 그 설렘이 굳어 있던 마음을 부드럽게 만들어 우울증 따위가 끼어들 틈을 주지 않는다.

"매일 똑같은 삶을 반복하는데, 어떻게 새로운 발견이 가능하겠어?" 하는 사람도 있을 것이다. 하지만 바로 그런 점 때문에, '하루에 새로운 발견 하나'를 찾으려는 노력이 더욱 의미 있다.

예를 들어, 장을 보다가 새로 출시된 과자가 눈에 띄었다면? 즉시 사서 맛보자. 이런 것도 하루의 발견이 된다. 서점에서 평소 거들떠보지도 않던 책을 집어 들고 단숨에 읽어본다. 이것도 하나의 발견이다. 젊은이로 가득한 네일숍에 들어가서, 과감하게 네일아트를 받아보는 건 어떤가?

"나이를 먹어서…"라는 말로 스스로 족쇄를 채우지 말자.

반짝반짝 빛나는 손톱 또한 새로운 발견이 된다.

　이렇게 하루에 하나씩 발견하는 습관을 들여 나가면, 더 나이가 들기 전에 감수성이 무뎌지거나 기력이 떨어지는 것을 막을 수 있다. 새로운 발견에 의도적으로 신경을 쓰면, 지금껏 해보지 않은 일에도 겁먹지 않고 적극적으로 도전할 수 있다.

　하루에 새로운 걸 하나씩 발견하는 습관을 들이면, 결과적으로 자신의 관심 영역이 넓어진다. 그러면 자연스레 노후의 가능성도 넓어지게 된다. 그런 인생은 점점 더 재미있어지고, 즐거운 일도 더 많이 일어난다.

달력을 넘기다가
깜짝 놀랐다면

달력을 넘기다 깜짝 놀란 적이 있다. 엊그제가 설날인가 싶더니 어느새 단풍이 물드는 계절이 되었다니! "딱히 뭐 하는 일도 없는데 눈 깜짝할 사이에 세월이 흐르네요. 왠지 시간에 뒤처지는 느낌이 들어요" 하고 한탄하는 이들을 우리는 쉽게 찾아볼 수 있다. 이렇게 시간이 흐름이 너무 빠르다고 느끼는 것도 우울증의 원인이 될 수 있다.

젊을 때는 하루가 짧고 1년은 길다. 나이 들면 1년은 짧고 하루가 길다.

영국의 철학자 프랜시스 베이컨은 이렇게 말했다. 중세 시대 사람들도 젊은 시절과 노년에 느껴지는 시간의 흐름을 다르게 느꼈나 보다.

또한 프랑스의 철학자 폴 자네는 이런 말을 남겼다.

열 살 아이에게 1년은 인생의 10분의 1이며, 쉰 살 어른에게 1년은 인생의 50분의 일이다.

똑같은 1년이라도 다섯 배나 무게 차이가 나는 것이다. 실제 심리학과 뇌과학에서도 나이가 들수록 인생에서 의미 있게 기억하는 '랜드마크적 사건'이 줄어들고, 따라서 시간이 빨리 지나간다고 느낀다고 한다.

그렇다면 시간의 흐름을 어떻게 해야 늦출 수 있을까? 하루하루 생활의 질을 높여 '의미 있는 나날'로 만드는 것이다. 그리고 생활의 질을 높이는 대표적인 방법 하나가 일기 쓰기다. 특히 "매일 특별한 일도 없고, 사는 재미가 없다"거나 "심심하고 무기력하다"는 말을 입에 달고 사는 사람에게 일기 쓰기를 적극 권한다.

화려한 일기장이나 멋진 글씨체도 필요 없다. 언젠가 기념품으로 받은 수첩이나 몇천 원짜리 메모장으로 충분하다. 길게 쓸 필요도 없지만, 만약 글쓰기를 좋아한다면 쓰고 싶은 만큼 두꺼운 노트를 준비하면 된다.

잠들기 전에 일기장을 꺼내 하루를 되돌아본다. 그러면 정말 하나도 쓸 말이 없는 날은 단 하루도 없다는 사실을 깨닫게 된다. 아주 사소한 일일지라도, 매일 무언가 일어나고 사람이나 사물과 새로운 만남도 있다.

'지병으로 고생하던 친구와 오랜만에 전화 통화를 했다. 다행히 요즘 컨디션은 좋은 것 같다. 워낙 긍정적이고 외향적인 친구이니, 회복도 빠르겠지.'

'독서로 하루를 마무리했다. 올해 최고의 베스트셀러라는 책을 읽었는데, 정말 몰입해서 읽었다.'

'요즘 세상이 시끄럽다. 얼른 경기가 좀 더 좋아지면 좋겠다.'

'매번 걷는 산책로에서 처음 보는 꽃을 발견했다. 사진을 찍어서 찾아보려고 한다.'

이처럼 쓸 것이 없는 날은 없다. 정 쓸 게 없는 날에는 날씨나 인상 깊은 뉴스라도 남기면 된다. 나중에 읽어봤을 때 그날을 추억할 수 있도록 말이다.

글솜씨가 없다면 간단한 메모 정도도 좋다. 길든 짧든 정기적으로 일기를 쓰는 습관은 생활의 질을 높여주고, 하루하루를 알차고 의미 있는 순간들로 바꿔준다.

좋은 일이
매일 일어나는 습관

 지금부터 매일 좋은 일이 일어나는 방법이 있다면 하겠는가? 바로 '감사 일기'를 써보자.
 솔직히 나이가 들어 좋은 일이 일어나면 얼마나 대단한 일이 일어나겠는가? 중년에만 접어들어도, 기억력이 나빠져 종종 가까웠던 사람의 이름도 떠오르지 않을 때가 있다. 젊을 땐 쉽게 할 수 있었던 일이 힘에 부치기도 한다.
 집안 분위기는 어떤가? 눈에 넣어도 아프지 않던 어린아이도 어느새 성인이 되어, 이제는 손이 갈 일이 별로 없다. 오히려 시간이 지날수록 우리가 자식에게 의지할 때가 온다.
 그러나 우리도 나이를 거저먹은 게 아니다. 지금까지 축적해온 지혜와 경험이 있지 않은가?

바로 앞서 말한 감사 일기가 그 지혜의 정수다. 이것은 어떤 일상도 좋은 날로 바꿔주는 마법의 일기라 할 수 있다. 방법도 간단하다. 무조건 일기 첫 줄에 '오늘도 감사하고 좋은 하루였다'고 쓴다. 인간은 자기 암시에 약하다. 첫 문장을 '오늘은 좋은 날이었다'로 시작하면, 그날은 정말로 좋은 일이 일어난 것처럼 느껴지기 시작한다. 못 믿겠다고? 밑져야 본전이니 일단 한번 시작해보라!

'취업 준비 중인 아들과 대화했다. 힘든 상황은 알겠지만, 깊은 고민 없이 닥치는 대로 지원하는 것 같다. 도대체 무슨 생각인지 알 수가 없다. 결국 언쟁을 벌이고 말았다.'

이런 날에도 '오늘은 감사하고 좋은 날이었다'라고 일기 첫머리를 시작하고 감사한 부분을 이어서 적어보자. 그러면 일기 내용이 이렇게 바뀔 것이다. '오늘은 감사하고 좋은 날이었다. 요즘 통 아들과 말하지 않았는데, 허심탄회하게 속마음을 털어놓았다. 대화를 해보니 아이도 나름대로 열심히 하고 있었다. 잘 자라주었다.'

별다른 일이 없는 평범한 하루였더라도 '오늘도 좋은 하루였다'고 쓰면, 아무 탈 없이 보내는 하루가 얼마나 감사한지 깨닫게 된다.

　이렇게 계속 감사 일기를 쓰다 보면 사고방식도 점점 긍정적으로 변한다. 지루하거나 버겁게 느껴지던 일상이 어느새 희망차고 충실하게 변하는 걸 느끼게 된다.

흘러간 것에
미련 두지 말 것

요즘은 다들 동안이다. 실제 나이를 들으면 깜짝 놀랄 정도로 젊어 보이는 사람이 많다. 이제는 실제 나이에서 0.8을 곱한 나이가 요즘 사람들의 외모나 건강 상태를 더 잘 나타낸다는 말도 있다. 예를 들어, 요즘 50세의 외모와 건강 상태는 과거의 40세와 가깝다는 것이다. 그만큼 요즘 중년이나 노년은 다들 젊고 건강하다.

스스로 실제보다 더 젊다고 생각하는 사람도 많다. 실제 나이가 70대인 노인도 "내 건강 나이는 50대 정도지" 하고 말하는 경우를 자주 봤다. 이처럼 실제 나이와 자각 나이의 차는 점점 벌어지고 있다.

나이라는 숫자에 연연하지 않고 몸도 마음도 젊게 사는 것은 꽤 바람직하다. 다만 무슨 일이든 도가 지나치면 문제가 된다. 혹시 젊음에 지나치게 집착해서, 무리하게 애쓰고 있지는 않은가?

노화는 자연스러운 현상이다. 그런데 이를 받아들이지 못하고 젊음을 너무 의식하다 되면, 정신적으로 점점 힘들어져 문제를 겪거나, 주변을 괴롭히는 행동을 하기도 한다.

이른바 '지하철 빌런'이 그 대표 사례다. 공공장소에서 몰상식한 행동으로 주변을 불쾌하게 만드는 사람을 일컫는데, 이들은 주변 사람의 사소한 행동에 화를 내거나 작은 실수에 소리 높여 말다툼을 벌인다. 이런 행동의 바탕에는 젊음에 대한 강한 반감이 있다. 잃어버린 젊음에 대한 열등감과 불만에 따른 심리적 반작용인 것이다.

반대로 젊음에 대한 무조건적 호감도 문제다. 딱 붙는 청바지에 화려한 자수가 그려진 점퍼 등 도통 나이를 가늠할 수 없는 젊은 옷차림의 노인이나, 지나친 화장이나 성형 수술로 오히려 얼굴이 어색한 노인이 있다. 아무리 개성과 자기표현이 중요한 시대라지만, 보기에 안 좋다.

조금 꼰대 같은 말일 수 있는데, 나이에 걸맞은 자연스러운 주름과 깔끔하고 단정한 복장이 오히려 그 나이에 걸맞은 멋을 준다. 젊음을 의식하지 않고 자신의 현재를, 있는 그대로 받아들이는 노년은 누구에게나 호감을 준다. 내 말을 믿어도 좋다.

늙어가는 게 아니라
익어가는 겁니다

젊음에 집착하지 말라는 이유가 또 있다. 과도한 스트레스로, 오히려 노년의 행복을 망칠 수 있기 때문이다.

사회적으로 '안티에이징'이 대유행이다. 이런 현상의 뒤편에는 '안티에이징 강박증'이라고 부를만한 심신 장애가 많이 발생한다.

유명 연예인이 광고하는 기능성 화장품을 사거나 피부 관리실에 다니는 정도는 괜찮다. 다만 아무리 고가의 화장품을 써도 노화를 완전히 막을 순 없기에, 성형 수술 중독으로 치닫는 경우가 문제다. 한두 군데 시술로 자신감을 되찾는 걸 말하는 게 아니다. 곳곳의 주름을 없애고 처진 곳을 꿰매며,

지방 흡입으로 군살을 떼어내는데 '집착'하는 경우가 문제다. 아무리 애를 써도 조금만 시간이 지나면 노화는 다시 엄습해 온다. 그러면 또 수술을 거듭한다. 이런 모습은 정신의 균형이 깨져서 발생한다.

계속 젊게 보이고 싶은 이유는 노화를 부정적으로만 생각하기 때문이다. 하지만 정말 그런가? 노화는 자연스러운 것이지, 감추고 피해야 할 추한 것이 아니다. 나이를 먹어야 비로소 풍기는 중후함이 있고, 축적된 인생 경험에서 우러나는 기품과 노련미도 있다.

작은 씨앗이 새싹이 되어 푸른 나무로 자라나고 꽃이 피고 열매를 맺고 다시 지는 게 자연의 순리다. 새싹과 꽃, 열매에 각각의 아름다움이 있는 것처럼, 인생의 모든 단계에는 저마다 고유한 아름다움이 있다.

런던정치경제대학교 사회학과 교수 캐서린 하킴은 '매력자본' 개념을 말하면서, 사람의 매력이 젊고 아름다운 외모뿐 아니라 유머 감각이나 활력, 세련미, 상대를 배려하고 편안하게 만드는 기술 등 타인의 호감을 사는 여러 요소에서 우러나온다고 말했다. 그저 외모만 젊게 보이는 데 집착하는 사람보다, 흰머리에 주름이 있어도 생기 있는 표정과 온화한 말투를 쓰는 사람이 훨씬 멋져 보인다.

　미성숙한 젊음이란 포장지로 가리기엔, 인간으로서 한창 무르익은 시기가 아깝지 않은가? 노화를 차분하게 받아들이는 자세를 지니자.

행복에 가까워지는
간단한 인생철학

오사카에는 '살아있는 것만으로도 횡재'라는 말이 있다. 오사카 사람들은 낙천적이고 농담을 즐기기로 유명한데, 특히 울적하거나 기운이 없을 때는 '살아있는 것만으로도 횡재'라고 크게 외친다고 한다.

건강히 살아만 있으면 더 바랄 것이 없다. 이런 생각을 지니고 살면, 노후에 대한 불안도 말끔하게 사라진다.

의사라는 직업 특성상 사람들의 죽음을 마주할 때가 많다. 그중에는 태어난 지 얼마 안 된 아이도 있고, 인생의 꽃을 채 피우지 못하고 진 젊은 생명도 있었다. 그런 죽음을 바라

보면 괴롭고 숙연해지는 한편, 지금 살아 있다는 것만으로 마음속 깊이 감사하는 마음이 솟아난다.
　아침에 잠에서 깬다. 오늘도 무사히 눈뜰 수 있는 것에 신에게 감사한다. 하루가 저물면 오늘 하루도 무사히 살 수 있었으니, 횡재라며 감사한다.
　소설가 와타나베 준이치는 《행복의 달인幸せ上手》이라는 책에서 이렇게 말한다.

　　술을 마시거나 식사 후에 화장실에 가서 소변을 본다. 그때 하얀 변기에 닿는 소변 줄기를 보면서 '행복하다'고 혼자 중얼거릴 때가 있다. 그리고 제대로 소변을 볼 수 있게 해준 나의 신장과 방광, 요도에 '고마워'라고 속삭인다.

　전직 의사 출신이기도 한 그는 소변을 보는 일조차 당연한 게 아니라, 몸의 여러 기관이 각자 열심히 일해준 결과라는 걸 잘 알고 있었다. 이런 일에도 행복을 느끼는 와타나베를 보면, 진심으로 '행복의 달인'이라며 감탄하게 된다.
　이렇게 일상의 사소한 일에도 행복을 느낄 수 있는 사람은 그렇지 않은 사람보다 뇌 활동이 활발하다는 사실이 과학적으로 증명되기도 했다.

'감사하다', '만족스럽다', '기분 좋다', '행복하다'고 느끼면, 행복 호르몬이라 불리는 아난다마이드가 많이 분비된다. 아난다마이드는 대뇌의 전두엽을 자극해서 그 움직임을 최고 수준으로 높인다. 전두엽은 뇌의 관제탑이라고 할 만한 부분으로, 이곳이 활발히 움직여야 대뇌 신피질이 더 활성화된다. 그 결과 사고 능력과 창조력이 좋아진다. 긍정적인 정신 상태는 교감신경을 자극해서, 의욕이 생기게 하는 노르아드레날린도 많이 분비된다. 자연스레 치매도 예방된다. 하루하루 탈 없이 살아가는 것에 감사할 줄 아는 태도가, 곧 스트레스 없는 행복한 인생으로 이끄는 열쇠인 것이다.

인생에서 행복과 불행은 서로 등을 마주하고 있다. 눈곱만큼도 그늘이 없는, 완벽하게 행복한 인생은 없다. 하지만 '살아있는 것만으로도 횡재'를 인생철학으로 삼으면, 매일 행복을 만끽하면서 활기차게 살아갈 수 있다.

2장

당신이 걸어가는
모든 길이 꽃길

즐기고 배우면서 삶을 가꾸는 법

아무리 나이를 먹었다고 해도
무언가를 배울 수 있을 만큼은 충분히 젊다.

— 아이스킬로스

두 번째 인생을
살아갈 기회

나이를 먹는다는 것은 이미 새로운 일을 시작하는 것이다.

독일의 대문호 괴테는 위와 같이 말했다. 그는 여든두 살까지 살면서 여러 일을 했다. 젊을 때는 법률가로 일하면서 자연 과학과 연금술 연구에 몰두했고, 시와 소설도 틈틈이 썼다. 오직 문학에 전념한 건 인생 후반에 접어든 뒤였다.

현대인들도 괴테 못지않게 많은 일을 한다. 심지어 직장인도 그렇다. 당신이 50대라면, 직장에 들어온 지 20~30년 정도 됐을 것이다. 여전히 한창 일할 나이다. 아니, 오히려 업무 부담은 늘었는데 후배도 교육해야 하고, 여러모로 책임감이 무거울 것이다. 그러다 보면 어느새 조직에 완전히 틀어박혀, 정말 하고 싶던 일들은 손댈 엄두도 못 낸다. 야근 후 귀가하는 버스 안에서, 문득 '내 인생, 이대로 괜찮을까?' 하는 생각이 들 때가 있을 것이다.

자녀들은 성장해서 하나둘 자립할 준비를 시작한다. 언제까지나 부모를 의지해도 곤란하지만, 둥지를 떠날 채비를 하는 자녀들을 보면 때때로 쓸쓸함이 밀려오는 것은 어쩔 수 없다.

이러한 상태로 노후를 맞으면 어떨까? 허무함은 한층 더 깊어진다. 앞서 말한 것처럼 독립한 자녀의 빈 자리로 인해 '빈 둥지 증후군'에 시달리거나, 일에 너무 시달린 나머지 심한 무기력에 시달리는 '번아웃'을 앓는 사람도 많다. 심하면 우울증이나 공황 장애가 찾아오기도 한다.

이런 허무함에서 벗어나 다시 기운을 찾으려면 어떻게 해야 할까. 노후에도 새로운 목표나 사는 보람이 필요하다. 당신이 정말 하고 싶던 일은 무엇이었나? 생업 때문에 미뤄두었던 공부나 취미는 없었나? 지금이다. 지금이 바로 그걸 시작할 때다.

혹시 '나이가 있는데 이제 와서 새로 시작할 수 있을까?' 같은 걱정은 접어두자. 인생을 80세, 아니 90세까지 내다본다면 50대는 한창이다. 퇴직 후 노년으로 살아가는 시간이 어느 정도인지는 계산해보면 바로 알 수 있다.

만약 28세부터 60세까지 주 5일, 하루 10시간씩 직장을 위해 보냈다면 대략 8만 6천 시간을 쓴 셈이다. 은퇴 후 80세까지만 산다고 쳐도, 하루 중 자유 시간을 12시간이라 가정하면 퇴직 후에는 8만 7천 시간을 쓸 수 있다. 현역으로 일한 시간보다 많은 자유 시간이 있는 셈이다.

괴테는 이런 말도 남겼다. "모든 것은 변한다. 바뀐 환경에 순응하며 가만히 있든지, 새로운 역할을 적극적으로 찾든지. 둘 중 하나를 선택할 수밖에 없다."

이 말을 우리는 이렇게 바꿀 수 있을 것 같다. "인생의 후반은 지금까지와는 다르다. 모든 것이 변한다. 바꾼 환경에 순응하며 가만히 있든지, 새로운 역할을 적극적으로 찾든지. 둘 중 하나를 선택할 수밖에 없다."

노년이 품고 있는 가능성은 생각보다 대단하다. 누군가에게는 인생을 다시 한번 살아갈 소중한 시간이다. 단지 나이가 들었다고 그 소중한 기회까지 통째로 포기하지는 말자. 남은 시간을 소중히 여기고 어떻게 하면 행복하게 보낼 수 있을지 생각하자.

나이 들어 인생을
꽃피운 사람들

　에도시대 사람들은 노후를 고대하며 살았다. 어느 정도 나이가 들면 가업을 자손에게 물려준 뒤 세상사를 잊고 편히 사는 것이 이상적인 삶이라 여겼다.
　당시에는 젊은이가 가업을 잇는 것이 숙명이었고, 결혼도 부모가 정한 배우자를 받아들여야 했다. 젊은 시절에는 오히려 하고 싶은 대로, 원하는 대로 살기가 매우 어려웠다. 가업을 지키는 책임에서 벗어난 뒤에야, 비로소 하고 싶은 대로 할 수 있었다. 노년은 그런 의미에서 인생의 황금기였다.
　하지만 그들이 아무것도 하지 않고 시간을 보낸 건 아니다. 새로운 지식을 쌓기도 하고, 풍부한 경험을 바탕으로 젊은이들에게 지혜를 전하려 애쓰기도 했다. 또한 젊을 때 관심 있던 일이나 좋아하는 일을 새롭게 시작하기도 했다. 이런 자세들은 오늘날에도 여전히 본받을 만하다.

나이 들어 시작한 일로 후대에 길이 남는 위업을 달성한 위인은 생각보다 많다. 고대 중국의 명재상 강태공은 70세의 나이에 천하를 평정했고, 퓰리처상을 받은 소설가 프랭크 맥코트는 데뷔작을 무려 66세에 썼다.

일본에서는 이노우 타다타카라는 사람이 유명하다. 18~19세기에 직접 전국을 걸으며 지도를 완성한 인물이다. 그는 50세에 접어들어서야 본격적으로 천문학·지리학 공부를 시작했다. 사실 어릴 때부터 관심이 많은 분야였지만, 이노우 가문에 양자로 들어간 17세부터 49세까지는 가업인 양조업에 전념했다.

가업을 일으키는 데 성공해 책임을 다한 타다타카는 노년을 준비할 시기가 되자, 자녀에게 일을 물려주고 은퇴한다. 그리고 제2의 인생을 걷기 시작한다. 그의 스승은 처음엔 나이 든 제자의 단순한 취미 생활로 가볍게 여겼으나, 이내 밤낮 가리지 않고 공부하는 모습에 크게 감동했다.

55세의 타다타카는 전국지도의 제작을 목표로 걷기 시작한다. 측량을 모두 마치고 나니 71세, 무려 17년 동안 열 번에 걸쳐 지구 한 바퀴에 해당하는 거리를 걸었다. 이런 집념의 결과, 그가 죽은 지 3년 뒤에는 일본 최초의 실측 지도인 〈대일본연해여지전도〉가 완성된다. 이 지도는 오늘날에도 탁월한 정확성으로 잘 알려져 있다.

이 밖에도 70세부터 작가로 활약한 가이바라 에키켄, 76세에 필생의 역작인 《할미꽃》 원고를 화재로 잃고도 좌절하지 않고 다시 3년에 걸쳐 소설을 완성한 간자와 도코우 등 나이가 들어서도 엄청난 집중력으로 인생의 전성기를 꽃피운 이들이 많다.

나이 들었다고 체념하지 말자. 지금이야말로 인생에서 정말 하고 싶었던 일, 흥미 있었던 일에 도전할 절호의 기회다. 여러 선배의 이야기를 보고 들으며 자신감을 키우자.

이 말만은
절대로 금물

동료들과 노후를 어떻게 보내면 좋을지 종종 이야기를 나눈다. 그럼 대체로 "은퇴하면 당분간은 푹 쉬고 싶어"라는 말로 대화를 끝맺는다. 오랜 세월 바쁘게 일해왔으니 그 마음도 충분히 이해한다. 모처럼 여유를 즐기고 잠시 쉬는 것은 당연히 좋다. 하지만 딱 하나, 이 말만은 금물이다. 바로 '당분간'이라는 말이다.

인간은 자신이 속한 환경에 쉽게 익숙해진다. 분명 '당분간'이라고 생각했는데, 나도 모르는 사이에 '언제까지나' 빈둥거리게 된다. '당분간' 생각 없이 쉰다면서, 하는 일이라곤 매일 재미도 없는 티브이나 유튜브를 들여다보는 것이다. 문득 지루함이 밀려오지만, 점점 그것도 익숙해진다.

　이러한 상태가 지속되면 뇌는 점점 활성을 잃는다. 은퇴 후에 하고 싶었던 일 따위는 아무래도 상관없게 되고, 의욕이 사라진다. 보다 못한 가족들이 "뭐 좀 해보지 그래요?"라고 등을 떠밀어도 "별로 하고 싶은 것도 없는데…"라며 멍한 표정으로 답하게 되는 것이다. 그대로 놔두면 무기력증은 점점 더 심해지고, 최악의 상황에는 우울증이나 치매로 이어질 수도 있다.

　괜히 겁주는 게 아니다. 무작정 새로운 일을 시작하라고 등 떠미는 것도 아니다. 단지 '푹' 쉬려다 '멍'하니 지내지 않도록 몇 가지 안전장치를 마련하면 좋겠다는 말이다.

언제까지 쉴지
미리 정하자

　오랫동안 일에 매달려 악착같이 살아왔으리라. 한동안 부담 없이 편히 쉬고 싶다는 심정도 충분히 이해된다. 다만 쉴 때는 기간을 미리 정해두자. 반년이든 1년이든 기간을 미리 정해두면 생활이 한없이 늘어지는 것을 막을 수 있다.
　형편에 따라 다르겠지만, 세계여행을 떠나는 계획도 근사하다. 요즘은 퇴직 후 몇 달간 남미나 아프리카를 일주하는 사람들도 꽤 있다고 한다. 몇 년 전, 남미를 일주하는 여행 다큐멘터리를 본 적이 있다. 20여 명의 참가자는 나이, 성별, 출신 국가는 물론 참가 동기도 가지가지였다. 특히 참가자 중에 흥미로운 사람이 몇 명 있었다. 한 사람은 67세의 호주 남성이고, 다른 한 사람은 퇴직을 앞둔 60대 소방관으로 아내와 동행했다.

호주인 참가자는 심장병을 앓고 있어서 의사의 여행 허가서까지 얻어 참가했다. 등산 도중 호흡곤란으로 인공호흡기를 꺼내는 순간이 몇 번이나 있었다. 그런데도 포기하지 않는 이유를 그는 이렇게 설명했다. "이 여행을 통해 아직 내게도 뭔가 해낼 힘이 있다는 것을 확인하고 싶었습니다."

제2의 인생을 살아가기 위해 성취감이 필요했던 것이다.

이처럼 휴식기로 정해진 동안에는 이전까지와 완전히 다르게 살아보는 게 어떨까? 일과 가정에 매여 있느라 지금까지는 꿈만 꿨던 일들을 해보는 거다.

모처럼 자유롭게 시간을 쓸 수 있게 됐으니, 여행을 떠나보자. 짧은 일정도 나쁘지 않지만, 되도록 현지인이 된 듯한 기분을 느낄 수 있도록 한곳에 오래 머무르는 여행을 추천한다. 일할 때는 장기 휴가를 내기 어려웠을 테니까. 장소야 형편에 따라 정하면 된다. 물가가 싼 곳도 많다. 이처럼 여행으로 일상을 완전히 바꾸면, 색다른 경험을 할 수 있다. 누가 알겠는가? 우연히 들른 여행지가 제2의 고향이 될지, 현지인 친구가 남은 평생 영혼의 단짝이 될지.

　먼저 퇴직한 내 친구는 휴식기를 1년으로 정한 뒤, 예전부터 가고 싶었던 시골 작은 섬에 집을 빌려 혼자만의 생활을 만끽했다. 아내에게도 같이 가자고 했으나 거절당했다고 한다. 그 시간 동안 직장인으로서 때를 완전히 벗고 제2의 인생을 살 준비를 마쳤다고 했다. 적적하지는 않냐고 묻자, 오히려 떨어져 살다 보니 아내의 소중함을 새삼 깨달았다고 했다. 둘의 노후를 재조명하는 기회가 되어 오히려 금실이 좋아졌다고 한다.

　이렇게 휴식 기간을 정해두면 퇴직 전후 구분이 더 분명해진다. 그 휴식기는 분명 오랜 만성피로를 풀고, 인생 후반을 준비하는 좋은 시간이 될 것이다.

젊은 날의 취미를
다시 한번

"뭘 하고 싶은지 모르겠어요. 특별히 좋아하는 것도 없고요."

우울증 증세를 보이는 사람에게 취미를 가지면 어떠냐고 권하면, 이렇게 말하면서 고개를 젓는 경우가 많다.

운동은 어떠냐고 물으면 운동신경이 없다고 답한다. 장기나 바둑을 추천하면 "장기는 못하고 바둑은 규칙도 모르는걸요"라고 말한다. 독서는 좋아하냐고 물으면, "요즘은 영 눈이 피로해서…"라고 말끝을 흐린다.

이리저리 핑계만 대고 더 이상의 대화는 차단한다. 권하는 것마다 거절하고 시작할 마음조차 보이지 않는다. 정신적으로 이미 노화 현상이 시작된 증거다. 새로운 것에 대한 호기심이나 적극성은 나이를 먹으면서 수그러들기 때문이다.

그런 사람에게는 젊은 날을 떠올려보라고 권한다. 지금까지 수십 년을 살면서 열중했던 취미나 좋아했던 것이 적어도 한두 개는 있을 것이다. 영 생각이 안 난다면 학창 시절에 했던 특별 활동을 떠올려보자. 땀 흘리는 것이 좋았던 운동부 활동, 문학청년의 꿈을 키웠던 독서반 활동 등 다시 해보고 싶은 일이 하나쯤 분명 있을 것이다.

우리 동네 꽃 가게 주인은 몇 년 전부터 밴드 활동에 심취해 있다. 밴드 하면 머리 긴 젊은이들을 연상하는 사람도 있겠지만, 그는 흰머리가 희끗희끗한 환갑 정도의 나이다. 다른 밴드 멤버들도 비슷한 연배라고 한다.

몇 년 전 우연히 옛 친구들을 만났는데, 다들 고등학교 때 밴드부 활동을 함께했었다. 그렇게 학창 시절의 추억을 곱씹다가, 그 자리에서 의기투합해 밴드를 재결성한 것이다. 개중에는 집이 편도 두 시간 정도로 멀리 떨어진 친구도 있었다.

연습은 한 달에 두 번, 명절 연휴에는 합숙도 한다. 요즘은 멤버 중 한 사람의 별장에서 맹연습 중이다. 큰 행사를 앞두고 있어서인데, 실은 친구끼리 모여 저녁마다 성대한 파티를 벌이고 있다고 한다.

실력은 어떨지 미심쩍지만, 다들 그 나이가 되어 가슴 뛰게 즐길 뭔가가 있다는 게 진심으로 부럽다. 옛 친구들과 다시 뜨겁게 교류하는 것도.

과거에 좋아했던 것을 떠올리다 보면, 같은 취미를 즐겼던 친구나 동료가 생각난다. 이를 기회로 옛 친구들과 재회해보면 어떨까? 열정 가득한 지난날로 돌아간 듯, 함께 실컷 떠들다 보면 누군가 넌지시 이야기를 꺼낼 것이다. "다시 한번 해볼래?" 분명히 누가 먼저라고 할 것 없이, 즐겁게 손을 들지 않을까.

취미를 언제부터
시작하면 좋을까?

예전에 함께 일했던 편집자에게 이메일이 왔다. 열어보니 그가 피아노를 연주하는 사진이 들어 있어 깜짝 놀랐다. 취미로 다니는 피아노 학원에서 연주회를 할 때 찍은 사진이라고 했다. 40대인 그는 일과 삶의 균형을 중요하게 생각한다. 일할 때는 거기에 몰두하면서도, 개인 일상도 충실히 돌보는 모습이 멋진 사람이다.

지금 노후를 눈앞에 둔 세대는 개인 일상을 즐기기는커녕 온종일 일에 쫓기는 삶을 당연하게 받아들였다. 그러다 보니 퇴직 후에 취미를 가지려 해도, 갑자기 새로운 일에 도전하는 셈이라 모든 게 낯설고 막막하게 느껴진다.

이럴 때는 막연히 '아, 나도 뭔가 해보고 싶다'가 아니라, '도예를 배워보자', '목공을 배워서 가구를 만들어볼까'처럼 구체적인 아이디어를 떠올리면 좋다. 가장 이상적인 방법은 퇴직하기 전부터 미리 시작해서, 퇴직 후에도 계속하는 것이다. 다시 말해, 퇴직하기 전에 퇴직 후 생활의 기본 틀을 마련해두면 좋다.

당장 몰입하지 않아도 된다. 그저 마음속으로만 구체적으로 정해둬도, 관련된 정보들이 눈에 들어온다. 자연스레 관심은 더 커진다. 훌륭한 시작이다.

내게 이런 조언을 해준 사람은 퇴직 후 취미에 흠뻑 빠진 친구다. 그는 퇴직 후 불상을 조각하는 데 열중하고 있다. 집에서 차로 한 시간 떨어진 산장에 작업실을 마련했다. 그 취미에 빠진 것은 우연이었다. 퇴직 전, 무심코 들른 교외의 한 절에서 오묘한 미소를 띤 나무 불상을 보았고, 그만 조각에 빠진 것이다. 정년이 얼마 안 남은 싱숭생숭한 시여서 불상의 미소가 더 좋아진 걸까?

아무튼 그날부터 친구는 전국 사찰과 불상에 관한 책들을 살펴보기 시작했고, 며칠 뒤에는 공방에도 등록했다. 나무로 불상을 깎는 시간만큼은 잡다한 시름을 잊을 수 있다고 했다.

본격적으로 노후를 맞기 전에 취미를 갖는 게 좋은 이유 생물학적 이유도 있다. 나이를 먹을수록 인내력과 지속력이 점점 약해지기 때문이다. 무슨 일이든 새로 시작하면 얼마간은 기초를 다져야 한다. 그 시간 동안은 단순한 연습을 계속 해야 하므로 무조건 끈기가 요구된다. 하지만 나이를 먹을수록 그런 단조로움을 견디지 못한다.

예를 들어, 피아노를 배우려면 처음엔 손가락 연습이나 화음 연주 등 단조로운 연습을 반복해야 한다. 그 지루한 과정을 한 살이라도 젊을 때 거치는 거다. 그래서 간단한 곡이라도 칠 수 있게 되면, 나이 든 뒤에도 피아노를 즐거운 취미로서 즐길 수 있다.

> 시작하는 것만 잊지 않는다면 사람은 언제든지 젊음을 유지할 수 있다

독일의 철학자 마르틴 부버는 이렇게 말했다. 무엇이든 첫발을 내딛는 것이 중요하다. 가슴속에 잘 새겨두자.

문화센터를
활용하자

    문화센터에 다니면서 무언가를 배우는 것도 나만의 취미를 찾는 데 도움이 된다. 의외로 강좌 내용이 다양해서, 분명 끌리는 강좌가 한두 개는 있을 것이다.

    언론 기사에 따르면 남성 노인들이 문화센터에서 수강하고 싶은 강좌 1위가 텃밭 가꾸기라고 한다. 친구들과 대화하며 적당한 노동으로 땀도 흘리고, 덤으로 수확물도 챙길 수 있다는 것이다.

    2위는 요리 교실, 직접 만든 요리로 가족을 기쁘게 해주고 싶다는 이유였다. 3위는 악기 연주, 제일 인기 있는 악기는 색소폰이었다. 4위가 외국어, 5위는 등산·트레킹이었다. 다른 응답으로는 사진 촬영, 유화 그리기, 바둑, 분재와 원예 등이 있었다.

얼마 전, 노후의 생활 방식에 관한 기사를 쓰고 있는 한 잡지사 기자에게 흥미로운 얘기를 들었다. 최근 자신이 취재하고 있는 H씨의 이야기였다.

H씨는 몇 년 전 퇴직을 했다. 도시 외곽에 사는 그는 일주일에 한 번 도심에 있는 문화센터에서《논어》등 고전 강좌를 수강하고 있다. 젊었을 때부터 관심이 있었다고 했다.

그 강좌를 듣기 위해 H씨는 전철로 왕복 두 시간을 들인다. 사실 그가 사는 지역에도 문화센터가 있고, 비슷한 강좌도 있다. 그런데도 일부러 도심으로 다니는 것이다. 그 이유는 다음과 같다.

"외출복으로 갈아입고 가방을 들고 전철을 타면 사회에 속해있다는 느낌이 들어요. 또 은퇴하고 나니 도심에 갈 일이 거의 없는데 가끔 그 분주한 거리가 그리울 때도 있고요. 동네 문화센터에 가면 영 그런 기분을 느낄 수 없거든요."

덧붙여서 전철에 붙은 광고를 보거나, 번잡한 길거리를 직장인들이 분주하게 다니는 풍경도 좋다고 했다. 왠지 무료

한 삶에 자극이 된다고 할까. 강의를 듣고 돌아가는 길에는 큰 서점에 들러 신간 도서들을 살피기도 한다. 그러다 마음에 드는 책이 있으면 한두 권 사서 읽는다. 때로는 최신 영화를 보거나 도심의 쇼핑센터를 구경하기도 한다. 그는 이런 식으로 현역 시절의 감각을 기억하고 긴장감을 유지한다.

이처럼 뭔가를 배우는 일은 그 자체로도 가치가 있지만, 의외의 경로로 생활에 탄력을 준다.

삶에 리듬감을
불어넣는 일정 관리

 퇴직자에게는 매일이 일요일. 이 말은 퇴직하기 전에는 매력적으로 들린다. 직장인은 전날 아무리 늦게까지 야근했어도, 다음 날이면 대체로 정시에 출근해야 한다. 캄캄한 밤에 귀가해 겨우 침대에 누웠나 싶은데 알람 소리를 듣는 기분이란! 퇴직 후에는 다르다. 원하는 시간에 마음대로 일어나도 되고, 출근해야 하는 직장도 없다. 밖에서 비가 오든 바람이 불든 신경 쓸 필요가 없다.
 하지만 "아아, 너무 행복하다. 이런 날만 기대했지!" 하고 기뻐하는 것도 잠시뿐이다. 행복에는 역치가 있는데, 우리 뇌는 '쾌락적응'에 따라 그 역치가 점점 높아진다. 결국 시간이

지날수록 생활에 변화와 탄력이 필요하다는 사실을 깨닫게 된다.

매일이 일요일인 일상을 지속하다 보면, 어떤 날도 특징 없게 느껴진다. 매일 밋밋한 얼굴과 마주하는 느낌이랄까. 그러다 보면 오늘이 무슨 요일인지, 심지어는 공휴일인지도 모르게 된다. 사는 데 큰 불편함은 없겠지만, <u>활기 없는 일상을 반복하면 정신 건강에 굉장한 마이너스다.</u>

그래서 나는 정년을 맞은 이들에게 "일주일에 한 번이라도 좋으니 정기적인 외부 일정을 만드세요"라고 권한다. 가장 쉬운 방법이 뭔가를 배우는 것이다. 물론 자원봉사 활동도 좋다.

'매주 어떤 요일에는 어디에 간다'는 일정이 생기면, 그날을 중심으로 일주일 일정이 정해진다. 그러면 전날에는 '내일은 오후 1시에 일정이 있지. 마침 근처에 전시회도 있던데, 돌아오는 길에 보고 오자' 하는 식으로 하루를 어떻게 보낼지 구체적으로 계획할 수 있다. 내일을 기대하게 된다. 그 결과 일상에 생기가 돈다. 일주일의 리듬이 생겨나고, 가슴 뛰는 날들이 늘어난다.

정기적 일정을 만들라는 이유는 일회성 일정으로는 삶에 리듬감이 생기지 않기 때문이다. 다음 주도 또 그다음 주도 특정 요일에는 어디에 간다는 마음이 가장 중요하다.

'노' 대신 '예스'라고 해보자

　나이가 들수록 새로운 일이나 취미에 도전할 기회가 줄어든다. 나이가 들수록 익숙한 범위와 경험 안에서만 판단하고 행동하려는 경향이 강해지기 때문이다.

　만약 주변에서 어떤 일이나 취미를 해보자고 제안하면, 무조건 거절하지만 말고, 일단 승낙해보자. 사람마다 취미는 다양하다. 다른 사람을 통해 지금껏 몰랐던 세계를 만났는데, 의외로 그 세계가 내 마음에 쏙 들 수 있다.

　나와 함께 일하는 한 편집자는 취미가 골프인 50대 독신 여성이다. 어느 날은 자신이 벌써 3년 가까이 시 낭송 모임에 나가고 있다고 털어놓았다. "업무로 신세 진 분의 제안이라

차마 거절하지 못했어요." 이것이 시 낭송을 시작한 계기였다고 한다.

처음에는 별로 내키지 않았고, 언제 그만둘지 기회만 노렸다고 한다. 그런데 언제부터인가 시 낭송의 매력에 푹 빠지고 말았다. 이제는 "시를 낭송할 때는 복식 호흡을 하니까 건강에도 좋고, 아름다운 시어를 읊다 보면 마음도 치유되는 것 같아요"라며 내게도 시 낭송을 추천했다. "무엇보다 좋은 점은 70~80대 부인들도 많다는 점이에요. 모두 건강하고 정말 생기가 넘치는데, 그분들한테 오히려 힘을 얻고 있어요."

사실 그녀는 50대에 접어들자마자 갑작스러운 병으로 반년이나 입원 생활을 한 적이 있다. 지금은 완전히 회복했지만 혼자 살아야 할 노후를 앞두고 때때로 불안해질 때가 있던 것 같다. 그런 마음의 흔들림도 시 낭송 모임에서 받은 에너지로 날려버린다고 했다.

우리는 언제, 어떤 계기로 새로운 세계와 만날지 알 수 없다. 그러니 다른 사람의 권유를 긍정적으로 생각해보자. '해보고, 별로면 관두지 뭐' 하는 가벼운 마음으로 시작해보자. 의외의 즐거운 세상이 기다리고 있을지 누가 아는가?

퇴직 후에는
모임이 필수

퇴직한 남편을 가리켜 '젖은 낙엽'이라고들 한다. 물에 젖은 낙엽처럼 종일 아내 곁에만 붙어 지내는 모습을 비유해 놀리는 말이다. 그렇게 푸대접받는 남성들도 요즘엔 변화를 시도하고 있다. 동네에서 모임을 마련하는 이들이 늘고 있는 것이다.

예를 들면, 내가 아는 교토의 한 문화센터에는 '남성들의 쉼터'라는 모임이 있다. 일주일에 한 번씩 하나의 주제를 정해 의견을 나누는 모임이다. 지금까지 지역 문화센터 모임은 대개 여성들이 많이 참여해서, 남성들의 주요 관심사인 정치나 경제 등에 관한 대화를 나눌 기회가 별로 없었다. 이런 점에 착안해 '남성들의 쉼터'가 발족한 것이다.

토론의 주제는 그날의 사회자가 정한다. 시사적인 내용도 다루지만, 주제에는 제한이 없다. 국제 정세에 관해 이야기를 나누기도 하고, 가장 좋아하는 전골 요리에 관해 토론하기도 한다. 누군가의 독무대가 되지 않도록 사회자는 발언 시간을 적절하게 배분한다.

'남성들의 쉼터'에서 토론만 하는 건 아니다. 모임의 참여자 중 전문 지식이 있는 이가 강연을 하기도 하고, 다른 고장으로 역사 탐방을 가기도 하는 등 '남자들의 쉼터'는 갈수록 프로그램 면에서 충실해지고 있다.

한때 유행하던 직장 내 '타 업종 교류 모임'을 발전시켜서 '퇴직 후의 교류 모임'으로 이어가는 사례도 있다. 예를 들어, 금융 관련 '타 업종 교류 모임' 멤버들이 퇴직 후 정기적으로 모여 '소주 연구회'나 '맛집 탐방' 등의 주제로 모이기도 한다.

현재 멤버는 50대가 중심인데, 슬슬 정년퇴직을 눈앞에 둔 사람들도 있어서 퇴직 후에도 마음 편히 모여서 즐겁게 마시고 대화 나누는 장을 만들자는 취지에서 이런 형태로 발전했다고 한다.

입사 동기끼리 뭉친 모임도 있다. 가끔 만나 사는 이야기를 나누며 즐겁게 먹고 마신다. 모임의 마무리는 직장에 다닐 때처럼 노래방이다. 이 모임의 포인트는 현역 시절의 직장 근처에서 모이는 것이다. 과거 자신들이 앞마당처럼 활보했던 바로 그곳 말이다.

초기에는 한두 사람이라도 좋으니 우선 모임을 만들어보면 어떨까? 마음에 맞는 멤버야 금세 늘어날 것이다. 비슷한 처지에 있는 사람끼리 어울리고 싶은 마음은 누구나 갖고 있을 테니까 말이다.

자격증에
도전해보자

　노후에 무엇을 할까 여전히 고민이라면 자격증 취득이나 검정고시에 도전하는 건 어떨까? 50대 이전까지는 보통 승진이나 연봉 인상, 자녀의 진학 등이 인생의 과업이다. 인생의 계획표에 이뤄야 할 것들의 목록이 착착 쓰여 있어서, 그것만 염두에 두고 바쁘게 살면 된다.
　그런데 50대 이후에는 달라진다. 꽉 차 있던 계획표는 어느새 텅 비워져서 자유 시간이 늘어난다. 자칫하면 노년의 여유를 음미하지 못한 채 허송세월하게 된다. 바로 이때 필요한 것이 '제2의 인생'을 위한 새로운 목표 세우기다.
　최근 몇 년간 노모를 간병하느라 자유 시간이 거의 없던

한 지인이 있다. 남편과는 일찌감치 사별했고 두 자녀도 독립한 지 오래. 간병에서도 벗어나 이제야 노후의 편안함을 즐기게 됐는데, 매번 표정이 편하지 않고 어딘가 쓸쓸해 보였다. 분명 인생의 목표를 잃고 외로움을 느끼는 것이리라.

그러다 최근에 그를 만났는데, 표정이 좋아 보였다. 무슨 좋은 일이 있는지 묻자, 최근에 칭찬을 들었다며 이야기를 꺼냈다. "우연히 마음에 드는 비즈 브로치를 하나 얻어서 모임에 달고 나갔더니, 친구들이 다들 어디서 샀냐며 칭찬해줬어요. 그래서인지 요즘은 비즈로 만든 장신구들이 그렇게 예뻐 보이더라고요."

이 말을 듣고 나는 눈을 밝히며 "그럼 비즈 공예 자격증에 도전해보면 어때요?"라고 권했다. 지인의 노후 생활을 헤아려보고, 그녀가 두 눈을 반짝이며 하는 이야기에 힌트를 얻어 목표를 제안한 것이다.

"이 나이에 새삼스레 자격증을…"이라 주저하는 사람도 있다. 하지만 그걸로 취업하자는 게 아니다. 목표를 세우고, 그걸 달성하기 위해 도전하는 과정 자체에 의의가 있다.

생판 처음인 분야도 좋지만, 이왕이면 지금까지 하던 일과 관련된 자격증이 도전하기 더 쉽지 않을까? 관련 업무 지식이 있으면, 자격증 취득이 훨씬 유리하니까. 예컨대 행정·기술직으로 일했거나 부동산 관련 일을 했다면 '주택관리사' 자격증이 좋겠다. 아파트 관리부터 인사, 회계 업무를 담당하는 사람으로, 관리사무소장을 떠올리면 된다.

판매원으로 일한 경력이 있다면 '유통관리사' 자격증은 어떤가? 판매 현장에서 소비자와의 원활한 소통, 소비자 동향 파악 등을 담당하는 전문가다. 응시 자격을 잘 보면, 나이 제한이 없어서 퇴직자들이 도전해볼 만한 게 꽤 있다.

자격증이 있으면 새로운 일자리로 연결될 가능성도 크다. 내가 아는 분의 어머니는 글씨가 예뻐서 평소 사람들의 부러움을 샀다. 그녀는 자식을 모두 독립시키고 노후를 어떻게 보낼지 고민하다가, 특기를 살려 캘리그라피지도사 자격증을 땄다.

그러던 어느 날, 새로 이사 온 이웃이 그녀의 집을 방문했는데, 거실 곳곳에 필사한 글들이 담긴 액자를 보았다. "직접 쓰신 건가요? 글씨를 정말 잘 쓰시는데요!"라는 칭찬에 "여러 글씨체를 쓸 수 있어요. 캘리그라피 자격증도 가지고 있는

걸요" 하고 답하자, 그러면 자기가 일하는 문화센터에서 강의해보면 어떠냐고 제안받았다고 한다. 이렇듯 자격증은 뜻하지 않은 순간에 빛을 발한다. 노후에 조금씩이라도 계속 일하고 싶다면, 어떤 분야든 자격증을 따 두는 게 좋다.

매우 독특한 자격증도 있다. 예컨대 '참치해체사' 자격증이다. 참치 전문가로서, 전용 칼로 능숙하게 참치를 해체할 수 있는 사람에게만 자격이 주어진다. 특히 수산시장이나 참치 식당 등 여러 사람 앞에서 참치를 해체하려면 꼭 이 자격증을 취득해야 한단다. 자격증을 땄다고 참치를 해체할 기회가 다 찾아온다고 할 순 없겠지만, 분명 흥미로울 것이다. '나는 거대한 참치를 해체할 자격이 있다고!' 하는 생각만으로 얼마나 기분이 좋은가? 인생에 그런 활력을 불어넣기 위해서라도 도전할 만하지 않은가?

결과보다
과정을 즐겨라

좋아하거나 잘하는 것이 있는가? 있다면 좀 더 공부해서 자격증에 도전해보자. 자격증이나 시험은 말하자면 한 분야에서 얼마나 미쳐있는지 정도를 겨루는 것이라, 흥미롭고 이색적인 게 많다. 이색 자격증을 몇 가지만 소개해보겠다. (다음은 한국의 예를 소개한 것입니다 – 편집자 주)

- 종이접기 마스터: 종이접기 전문지식과 숙련 기능을 가지고 응용, 창작할 수 있는 사람에게 부여되는 자격증. 누구나 쉽게 할 수 있고, 집중력과 수학 능력 향상에 도움이 되는 놀이라서 이 자격증에 대한 관심도도 꾸준히

높아지고 있다.

- 정리수납 전문가: 체계적인 정리 및 수납 기술을 활용해 생활 공간의 효율을 높이는 전문가. 미국과 일본에도 '미니멀 라이프' 열풍으로 인기다. 이 자격증이 있으면, 거실이나 베란다 등 주거 공간뿐 아니라, 카페나 상점 등의 공간을 계획하는 데도 도움이 된다.

- 실천예절 지도사: 예절 전반에 대한 지식과 이해, 실기 기술을 갖춘 자격증. 국가와 공공기간에서 진행하는 의전을 주도할 수 있다.

- 반려동물 관리사: 동물을 좋아하는 사람들이 주목할 만한 자격증. 한국반려동물관리협회에서 주관하며, 반려동물에 대한 정확한 지식을 바탕으로 교육, 훈련, 위생 관리 등의 업무를 전문적으로 담당할 수 있는 사람에게 부여한다. 인간과 반려동물이 유대감을 갖고 더 쾌적하고 행복하게 살 수 있도록 돕는다.

한편, 일본에는 '정년력 검정'이라는 희한한 자격증도 있다. 정년력 검정이란 퇴직 후에 풍요롭고 알찬 제2의 인생을 사는 데 필요한 최소한의 기초 경제 지식을 확인하는 시험이다. 50대부터 이런 시험에 도전해 만반의 준비를 갖추면, 정년이 닥쳐도 "좋아, 올 테면 와라!" 하고 큰소리칠 수 있지 않을까?

많은 사람이 노후를 앞두고 치매를 걱정한다. 속만 태울 것이 아니라 검정시험에 도전하자. 한자능력검정은 8급에서 1급까지 급수가 나뉘어 있다. 이렇게 급수가 나눠져 있는 시험은 낮은 급수에서 점점 높은 급수까지, 단계를 높여가며 보람을 느낄 수 있다.

일전에 고속전철을 타고 출장을 갈 때, 옆에 앉은 여성 분이 열심히 세계유산에 관한 책을 읽고 있어서 나도 모르게 시선이 갔던 적 있다. 그분은 세계유산검정시험에 도전할 생각이라고 했다. 여행을 좋아하는 남편과 여행을 즐겼는데 최근 남편의 건강이 나빠져 여행은 자제하고, 대신 부부가 함께 세계유산검정시험에 도전한다고 했다. 그날은 남편을 빼고 잠시 친정집에 가는 길이었다.

"시험 준비를 하며 책만 읽어도, 마치 여행하는 것 같답니다." 이렇게 말하며 활짝 웃는 모습에서는 노년의 어두운 그림자는 전혀 느껴지지 않았다.

검정시험이든 자격증 시험이든 합격, 불합격에 크게 연연할 필요는 없다.

목표를 달성하면 더할 나위 없지만, 그러지 못해도 목표에 도달하기 위한 과정 자체를 즐기면 그만이다. 시험을 준비하며 오랫동안 잊고 있던 공부의 감각을 다시 느낀다거나 시험 관련 책을 읽으며 몰랐던 지식을 알아간다는 것만으로도 의미가 있다. 그런 과정 하나하나가 소소한 즐거움이 될 수 있다. 물론 기억력 감퇴와 치매를 예방하는 뇌 훈련도 된다.

지금까지는 성과를 위해 자신을 다그쳤다면, 50대에 접어들면서부터는 좀 더 자신에게 너그럽게 대하면서 도전 자체를 즐겨보자.

늦깎이
대학 생활도 오케이!

"우리 학생 중 3분의 1이 중장년층이에요."

도쿄 근교의 한 사립대학 관계자의 말이다. 연령대도 다양해서 40~50대도 있고, 80대 대학생도 종종 있다고 한다.

중장년층 대학생 중에는 퇴직자나 퇴직자의 배우자도 있다. 배우자가 직장에 다닐 때는 자기만 공부하기 미안했는데, 이제는 함께 공부하는 꿈을 이루고 있다고 한다.

요즘 대학 캠퍼스에서 이런 늦깎이 대학생을 어렵지 않게 찾아볼 수 있는 이유는 대학 측이 직장인이나 중장년층의 입학 정원을 많이 늘렸기 때문이다. 저출산으로 입학생 수가 급격히 줄어들자 마련한 자구책이다. 그런데 이 묘책이 의외의 효과를 주었다. 사회 경험이 풍부한 늦깎이 대학생은 대부분 학업에 성실하고 교우 관계도 원만하다. 이런 모습이 젊은이들에게도 본보기가 되고 자극을 주는 것이다.

"세대가 달라도 같은 학생이라는 동료의식에서인지, 강의실에서도 식당에서도 편하게 대화해요." 대학 관계자의 말이다. 세대 모두에게 득이 되는 셈이다.

노벨 문학상 수상자인 영국 작가 조지 버나드 쇼는 "젊음은 젊은이들에게 주기 아깝다"는 말을 남겼다. 나는 '대학은 젊은이들에게만 주기 아깝지' 하는 생각을 종종 한다.

젊었을 때는 모처럼 학업에 열중할 좋은 기회를 얻었는데도 놀 생각만 한다. 나 역시 예외는 아니었다. 졸업하고서야 '그때는 훌륭한 교수님들과 언제든 만날 수 있었는데, 좀만 더 열심히 공부할걸'이라고 후회한 적이 한두 번이 아니다. 사실 젊을 때는 자기가 진짜 하고 싶은 공부, 더 파고들고 싶은 분야가 뭔지 잘 모른다. 그도 그럴 것이, 남들이 다 가기 때문에 별다른 생각 없이 적당히 점수에 맞춰서 대학과 학과를 고르는 경우가 많기 때문이다.

여러 경험을 쌓은 중장년이 되어서야, 정말 하고 싶은 공부가 뭔지 깨닫고, 배움에도 순수한 기쁨을 느낄 수 있다.

　나이 든 사람 중에는 경제적 사정으로 대학 진학을 포기한 사람이 많았다. 그 밖에도 여러 이유로 대학에 동경을 품고 있다면, 대학 캠퍼스를 한번 둘러보자. 일부 대학은 '오픈 캠퍼스'라고 해서, 외부인도 자유롭게 강의를 들을 수 있는 날을 마련하고 있다. 우선 그런 기회를 잘 이용해보자.

　정식 입시가 부담스럽거나 여러 사정상 학교에 직접 가는 게 어렵다면, 방송통신대학도 있다. 학비도 연 100만 원 정도로 저렴하고, 상대적으로 입학도 쉽다.

단계별 목표 설정으로
성취감을 높이자

"싫증을 잘 내는 편이에요. 뭘 해도 오래가지 못하는 게 단점이랄까요."

내가 종종 들리는 동네 술집의 단골손님 T씨는 이렇게 말하며 웃었다. 퇴직 후에는 거의 매일 가게에 들른다고 했다.

어느 날, 그가 싱글거리며 사진 몇 장을 다른 손님들에게 보여주고 있었다. 나도 흥미가 생겨서 들여다보니, 하나같이 후지산 사진이었다. 그런데 왠지 구도가 익숙했다. 다른 사람들도 비슷한 생각을 하는 것 같았다. 그는 자랑스러운 표정으로 말했다. "가츠시카 호쿠사이의 〈가나가와 해변의 높은 파도 아래〉 아시죠? 그 유명한 파도 그림과 같은 구도에서 찍은 겁니다."

원래 싫증을 잘 내는 데다가 취미다운 취미를 가져본 적 없다던 그였다. 퇴직 후 멍하니 집에 있거나 술집만 다니던 그에게, 아내가 보다 못해 잔소리를 늘어놨다. "뭐라도 좀 해 봐요. 옆집 남자는 취미가 많아서 거의 매일 외출한다는데."

실은 그도 매일 빈둥대는 생활이 지루하던 참이었다. 그런 와중에 아내에게 핀잔까지 들으니, 마음이 불편했다. 기분 전환 겸 홀쩍 집을 떠나서 바다라도 보고 오자며 고속도로를 달렸다고 했다.

그렇게 정처 없이 가다가 도착한 곳에서 바라본 후지산의 풍경이 너무 아름다웠다. 그걸 카메라에 담았더니 같은 곳에서 사진을 찍던 사람이 일러주었다. "호쿠사이가 그린 유명한 파도 그림의 장소가 바로 이곳이래요."

집에 돌아와 아내에게 사진을 보여주자, 아침까지 짜증을 내던 그녀도 좋아하며 관심을 보였다. 의욕이 생긴 T씨는 그날부로 '부악 삼십육경'을 전부 사진에 담겠노라 목표를 세웠다. 호쿠사이가 그린 우키요에 판화로 후지산의 다양한 풍경을 36장의 화폭에 담은 작품이었다.

T씨는 그날 이후 36개의 장소를 찾아가 촬영을 시작했다.

열하나, 열둘, 열셋, 열넷… 목표에 하나씩 다가갈 때마다 성취감은 커졌다. 우연히 찍은 사진 한 장이, 취미 하나 없던 그를 이렇게 변화시켰다니 흥미로웠다.

또 다른 친구는 《일본 백명산》에 나오는 전국 산을 돌며 사진을 찍는다. 등산가이자 작가인 후카다 규야가 엄선한 일본의 100개의 명산을 주제로 한 수필집이다.

이처럼 '36'이라든지 '100'처럼 목표로 삼을 만한 숫자가 확실하면, 어떤 일을 하는 데 싫증을 잘 내는 사람도 흥미를 느끼며 계속할 수 있다. 목표 달성 여부를 빠르고 쉽게 확인할 수 있기 때문이다. 조금씩 목표에 가까워지는 과정에서 성취감과 희열을 맛보면, 자연스럽게 다음 목표로 이어지기도 쉽다.

목표는
여유 있게

 앞서 목표 숫자가 있으면 어떤 일을 계속하기 좋다고 했다. 그런데 이 과정에서 주의할 게 있다. '무슨 일이 있어도 목표를 달성할 거야!'라며 무리하진 말자는 거다. 자격증 취득이나 시험 관련해서도 말했지만, 노후에는 무슨 일이든 결과를 이루는 게 목표가 아니라, 과정을 즐기는 것이 주된 목표다. 반드시 대학에 입학한다며 고등학생처럼 스트레스를 받는다든지, 대학원에서 학위를 따지 않으면 의미가 없다고 단정 지으며 무리하진 말자.

 지금까지 목표는 조금 높이 잡는 게 좋다고 들어왔을 것이다. 하지만 인생 후반의 태도는 달라져야 한다. '언젠가 목표를 달성할 수 있으면 좋겠다'는 식으로 여유를 가지면 마음이 훨씬 편해진다.

노후에는 지금의 건강이 언제까지 지속된다는 보장이 없다. 나이가 들수록 면역력이 떨어져 질병에도 쉽게 걸리고, 신체 능력도 저하되어 다치기도 쉽다. 또한 조금만 무리해도 쉽게 피로해진다.

반드시 목표를 이루겠다고 지나치게 열중하다 보면 무리하기 쉽다. '갈 수 있는 때까지만 가자'는 마음으로 목표를 여유롭게 잡아두면 페이스를 지킬 수 있다. 결과적으로는 이렇게 하는 편이 어떤 일이든 지속하기도, 목표를 달성하기도 쉽다.

할 수 있는 일을
하자

후배 의사가 어머니에 관한 이야기를 들려준 적 있다.

그의 아버지가 돌아가시고 자식들이 독립하자 어머니는 홀로 남게 되었다. 그런 어머니를 걱정한 후배의 누나가 "앞으로 어떻게 지내실 거예요?"라고 물으니, 어머니는 일을 하고 싶다고 답하더란다. 72세, 전업주부로 그때까지 직장 생활을 한 적이 전혀 없는 분이었다.

한평생 육아와 집안일만 도맡아온 이의 마음속에는 일하고 싶다는 강한 열망이 숨어 있었다. 하물며 사회생활을 계속해온 사람은 노후에도 일하고 싶은 마음이 더 강하지 않겠는가.

일본의 경우 노년층의 90퍼센트 이상이 60세 이후에도 일하고 싶다고 한다. 퇴직 후에도 계속 일하고 싶은 이유는 '생계유지를 위해서'라는 대답이 가장 많았지만, 4명 중 1명은 '보람을 느끼기 위해' 일하고 싶다고 답했다.

사람들은 노년에는 좀 유유자적 살겠노라 생각하지만, 다른 한편으론 일하고 싶다는 마음도 강하다. 얼핏 모순되는 것 같지만, 두 마음 다 일리가 있다. 나 또한 퇴직 이후의 삶을 생각하면, 이 두 가지 마음이 교차한다.

그렇다면 어떻게 하는 게 좋을까? <u>내가 원하는 대로 하는 게 정답이다.</u> 일하고 싶다고 생각하면, 일하는 방향으로 움직이면 된다. 불가능한 일이 아니다. 실제로 고령에도 일거리를 찾는 사람은 주위에 얼마든지 있다.

앞선 이야기한 후배의 어머니는 집 근처 도시락 가게에서 일자리를 찾았다. 업무 시간은 오전 4시부터 7시까지. 직장인의 출근 시간에 맞춰 도시락을 준비하는 일로, 근무 시간이 일러서 가게에서도 사람을 구하기 쉽지 않았던 모양이다. 가게 입장에선 후배 어머님 같은 분들이 일해주는 게 더할 나위 없이 좋다. 후배도 어머니 표정이 일하기 전보다 훨씬 생기 있다며 기뻐했다.

퇴직 후에도 일하고 싶은 사람은 많다. 이런 사람을 모아 인재파견사업을 하면 어떨까 하는 생각에서 출발한 퇴직자 인재파견 회사가 있다. 퇴직자 중에는 사회 경험이 풍부하고 뛰어난 전문 지식과 기술을 가진 사람이 많다. 그런데 임금은 일반적으로 젊은 사람들보다 적다. 이런 장점 때문에 퇴직자를 찾는 기업의 수요도 많아져서, 이 회사는 직원을 늘릴 정도로 호황을 이룬다고 한다.

중장년 인재에 대한 수요가 특히 많은 분야는 전화로 고객 상담을 하는 직종이 있다. 전화 상담원에게 괜한 트집을 잡거나 막말하는 '진상 고객'에 늘 문제인데, 중장년층은 다양한 사회 경험과 인간관계 노하우를 통해 젊은이보다 훨씬 능숙하게 응대할 수 있다.

현역 시절, 자기 전문 분야를 살려 퇴직 후 해외 취업을 한 사례도 있다. B씨는 대기업 화학제조사 기술자로 평생 일해왔다. 그는 퇴직 후, 한국의 제조회사에서 스카우트 제안을 받아 몇 년간 일했고, 지금은 중국 회사로 이직해 현지 젊은 이들에게 기술을 전수하고 있다. 자신만의 노하우를 국경을 넘어 타국 후계자에게 전수하는 것은 사회적으로도 자기 자신에게도 의미가 있다.

노후에도 일자리를 얻고 싶다면 고령자인재은행이나 지자체의 각종 프로그램을 이용해보자. 50세 이상 취업 희망자에게 맞춤형 취업과 교육 정보를 제공하는 곳이다. 가사도우미, 베이비시터, 요양보호사, 조리사 등 여러 직업을 알선해줘서 나에게 딱 맞는 일자리를 찾을 수 있다.

과거의 영광에
매달리지 말자

　정년퇴직 후에도 일을 계속할 거라면 퇴직과 함께 경력을 새로 시작한다는 마음을 가져야 한다. 부하 직원을 거느렸던 현역 시절에는, 잡다한 일도 말 한마디면 누군가 해주었을 것이다.
　그러나 재취업 상황에선 처지가 다르다. 단순 데이터 입력은 물론, 인쇄물 출력까지 혼자 하는 게 당연하다.
　수입이 크게 줄어드는 것도 각오해야 한다. 업무에 따라 다르지만, 보통 현역 시절의 절반 정도인 경우가 많다. 일해서 수입이 생기면 그만큼 받을 수 있는 연금액이 줄어들 수도 있는데, 이런 부분을 잘 알아보고 자신에게 가장 유리한 조건으로 일하면 된다.

'연봉은 개인의 사회적 가치를 나타내는 숫자'라는 말이 있다. 이 말에 사로잡혀서 '이래 봬도 내가 왕년에는 연봉이 얼마였는데'라며 스스로 한심하게 느낄 수도 있다. 그러나 이제 자녀도 거의 다 자랐고, 퇴직금이나 연금도 있다. 한창 때처럼 큰돈을 벌지 않아도 충분히 생활을 유지할 수 있다면, 지나치게 돈 욕심을 낼 필요는 없지 않을까?

수입뿐 아니라 업무 시간도 마찬가지다. 현역 때는 매일 일해도 거뜬했다면, 재취업 이후에는 일주일에 3~4일 정도로 업무 시간을 줄이는 게 좋다.

내가 일하던 병원에 자주 들르는 거래처 제약회사 직원이 있다. 작년에 퇴직한 후 통 보지 못하다가, 오랜만에 병원에 방문한 적 있다. "이 병원은 제가 계속 맡게 됐습니다. 앞으로도 잘 부탁드립니다."

그는 계약직으로 다시 일하게 됐다고 했다. 다만, 근무 시간은 월요일부터 목요일, 오전 10시부터 오후 4시까지. 원래 야근도 많았다고 하는데, 근무 시간이 줄었으니 수입도 크게 줄었을 것이다. 그럼에도 그는 "돈보다도 일을 계속할 수 있어서 감사하죠. 사는 보람을 느낍니다"라며 기뻐했다.

그렇다. 일은 돈 이외에도 많은 것을 가져다준다.

나눌수록
얻게 되는 것

퇴직 후 경제 형편은 괜찮지만, 마냥 놀기만 하는 게 싫다면 자원봉사를 해보는 게 어떨까.

서양에서는 문화적으로 누구나 쉽게 자원봉사에 나선다. 뭔가 마음을 굳게 먹고 통으로 시간을 내야 하는 이벤트가 아니라, 짬짬이 부담 없이 쉽게 참여할 수 있는 것이다. 그러나 일본만 해도 정기적으로 자원봉사를 하는 사람이 전체 인구의 0.3퍼센트밖에 안 된다고 한다. 시간이 남아도는 노후를 활용해 좀 더 적극적으로 자원봉사를 해보면 어떨까?

한 친구의 어머니는 90세가 가까운 고령인데도, 동네 문화센터에 나가 수예를 가르치신다. 과거 농가에서는 바쁘지 않은 농한기에 수예하는 풍습이 있었다. 조각천이나 쓰고 남은 자투리 천에 수를 놓거나 공예품을 만드는 것이다. 농가 출신인 친구 어머니도 수예만큼은 자신 있었다.

우연히 동네 문화센터에서 '어르신 공예품 전시회'를 주최한다는 소식을 들은 그녀는 직접 바느질한 보자기 몇 개를 출품했다. 그 작품을 인상 깊게 본 관계자의 제안으로, 친구 어머니는 수예 자원봉사를 시작하게 된 것이다.

전업주부인 또 다른 지인은 시에서 운영하는 도서관에서 시각장애인을 위해 명작 소설을 낭독하는 봉사를 하고 있다. 도서관 홈페이지 게시판에서 자원봉사자 모집 안내를 보고 지원했다. 아나운서나 성우 경험이 전혀 없는 아마추어지만, 학창 시절 방송부 활동 경험을 떠올리며 간단한 훈련을 받은 뒤 명작 낭독 봉사에 첫발을 디뎠다.

최근에는 또 다른 봉사활동도 시작했다. 인근 지역 아동 복지시설을 방문해 아이들에게 동화책을 읽어주는 것이다. 봉사가 주는 보람을 한번 맛보고서 생긴 삶의 변화다.

해외에서 자원봉사를 할 수도 있다. 국제협력기구가 노인들을 대상으로 모집하고 있는 '노인 해외 자원봉사'에 지원하면 된다. 기본적으로는 무료 자원봉사지만 개중에는 보수가 지급되는 것도 있다. 분야는 농업기술, 의료, IT 등의 정보기술, 교육 분야 등 다양하다.

현역 시절에 토목 기사로 일했던 P씨는 매년 6개월 동안 필리핀에서 치수 공사 현장을 지도하고 있다. 왜 6개월이냐면, 필리핀은 6월부터 11월까지 우기라서 공사를 하지 않기 때문이다. P씨의 아내도 남편을 따라 현지 아이들에게 종이접기를 가르치는 봉사를 하고 있다.

자원봉사를 하기로 마음먹었다면, 이것 하나만은 꼭 기억하자. 자원봉사는 내가 누군가에게 '해주는 것'이 아니라 '해 드리는 것'이다. 호의나 시혜를 베푼다는 마음이 있다면, 차라리 안 하는 게 낫다.

또한 자원봉사에도 책임이 따른다는 사실을 잊지 말자. 그저 '자원봉사니까'라며 내키지 않는 날은 연락도 없이 쉬거나 하면 여러 사람이 곤란해진다.

자원봉사 활동을 하면 다른 사람에게 도움이 되는 일이 자기 자신에게도 얼마나 큰 기쁨이 되는지 알 수 있다. 그런 기쁨을 안겨준 것에 감사하는 마음을 갖자.

이런 감사의 마음으로 봉사하면, 상대도 내 진심을 알고 세상에 감사할 것이다. 이렇게 감사의 마음이 확산되어야 자원봉사 활동이 값지고 보람 있는 게 아닐까?

3장

인생 후반의 행복은 관계에 달렸다

담백하게 오래가는 인간관계의 비결

사람을 대할 때는 불을 대하듯 하라.
다가갈 때는 타지 않을 정도로,
멀어질 때는 얼지 않을 만큼만 하라.

— 디오게네스

먼 친척보다는
가까운 이웃

"동네에 친한 사람이 없어요."

중장년 남성 둘 중 한 사람은 이렇게 대답한다고 한다. 2010년 일본 하치오지시 도시정책연구소가 중장년층 생활 실태를 조사한 결과다. 남성 대부분 아침 일찍 집을 나서고 늦게 귀가하는 생활을 반복해왔기 때문일 것이다.

상대적으로 여성은 이웃과 교제하고 대화를 나누는 데 익숙하다. 무조건 그렇다고 할 순 없지만, 대체로 남성과 여성의 인간관계 형태에도 차이가 있기 때문일 것이다. 특히 아이 엄마들은 자녀와 비슷한 또래를 둔 이웃집을 왕래하며 친하게 지내는 경우가 많다. 물론 맞벌이 여성은 쉽지 않겠지만 말이다.

퇴직 후에는 집에서 보내는 시간이 많아진다. 현역 때는 일을 마치고 동료와 간단하게 한잔하며 이야기를 나눌 수 있었지만, 집에서 머물다 보면 타인과 자연스럽게 교류하는 게 쉽지 않다. 옛 동료를 찾는 것도 한두 번이다. 그러니 지금부터라도 이웃과 천천히 친해지는 것이 좋다.

"먼 친척보다 가까운 이웃이 낫다"는 말이 있듯이, 이웃과 친하게 지내면 그 누구보다 든든하고 의지가 된다. 어려운 일이 있을 때 도움받을 수 있고, 기쁜 일이 있을 때는 함께 기뻐할 수 있다.

'무연고사회'라는 말을 들어봤을 것이다. 1인 가구의 증가, 경기 침체, 청년 실업, 저출산, 고령화 등으로 사람들 사이의 유대가 약해진 사회를 말한다.

인간관계란 식물을 가꾸는 일과 비슷하다. 씨를 뿌리지 않으면 싹이 나질 않고, 싹이 난 뒤에도 잘 돌보지 않으면 더 자라나지 않는다. 인간관계도 마찬가지다. 스스로 잘 가꾸지 않고 '누군가 말을 걸어주겠지?' 하고 가만히 있으면, 누구와도 관계를 맺을 수 없다.

이웃과 친해지는 첫걸음은 상대방보다 먼저 말을 건네는

데서 시작된다. 지금까지 눈인사 정도만 나눴다면, 앞으로는 적극적으로 말을 걸어보자. 우선 웃는 얼굴로 "안녕하세요?"라고 말을 걸어보고, "댁에 핀 꽃이 참 예쁘더라고요"라든지 반려동물과 산책하던 모습을 봤다면 "정말 귀엽더라고요. 무슨 종인가요?"라고 한마디씩 더 보태보자.

당신의 화젯거리가 마음에 든다면 상대는 "꽤 손이 많이 가지만, 이렇게 예쁘게 피면 애쓴 보람이 있어요"라든지 "아이고, 장난이 얼마나 심한지 매번 끌려다닌다니까요"라는 식으로 신이 나서 대답할 것이다. 그런 식으로 2~3분이라도 좋으니, 담소를 나눠보자.

지인인 F씨는 실제로 이렇게 동네 친구를 사귀었다. 그는 퇴직 후 매일 산책을 다녔는데, 어느 날은 산책 도중에 목이 너무 말라서 캔 맥주를 사서 벤치에 앉았다. 그런데 건너편에 자기와 똑같이 캔 맥주를 사서 마시고 있는 사람이 보이는 게 아닌가. 두 집 건너에 사는 이웃 남자였다. 비슷한 처지가 반가워 F씨는 먼저 말을 건넸다. 그때까지는 얼굴만 아는 사이였다.

"이야, 집에서 마시면 마누라 잔소리가 심해요"

"말도 마세요. 저는 집에선 아예 입에도 못 대게 한다니까요."

갑자기 의기투합한 두 사람은 근처 선술집으로 자리를 옮겼다. 요즘도 일주일에 한 번 정도는 만나서 술을 마신다고 한다. 공원에서의 첫 만남을 계기로 서로 마음의 빗장을 푼 것이다. F씨의 아내도 동네 친구가 없는 남편을 걱정하던 차에 이 교제를 환영했다. 때때로 두 부부는 동반으로 다 같이 온천에 놀러 가기도 한다.

만약 당신도 대화를 나눌 동네 친구가 있으면 좋겠다고 생각한다면, 의외로 같은 생각을 하는 사람이 가까이 있을지 모른다. 친해지고 싶은 이웃에게 용기 내어 한마디 걸어보자. 든든하고 소중한 동네 친구를 만들어보자.

주민회의에
참여해보자

고립, 단절, 개인주의, 익명성…. 아파트를 떠올리면 이와 같은 말들이 생각난다. 아파트는 건물 구조상 그리고 입주민들의 의식상 이웃끼리 교제하는 게 흔치 않다. 한 건물 안에 여러 가구가 살지만, 각자 독립된 생활을 한다. 입주민 역시 사생활 존중과 익명성 보장을 중시한다. 옆집에 누가 사는지 굳이 알려고 들지 않는다.

그런데 요즘은 아파트에 사람끼리도 교류를 중시하는 움직임이 나타나고 있다. 살고 있는 아파트에서 노후를 보내겠다는 사람들이 늘어서, 이웃 간 교류가 새로운 과제로 떠오른 것이다.

오래 살면 집은 자연스레 낡기 마련이다. 아파트 역시 어느 시점에선 대규모 보수 공사가 필요하다. 아파트의 경우에는 주로 동 단위로 공사가 진행된다. 공사가 번거로운 일로 느껴질 수 있으나, 이를 계기로 주민들 사이의 관계가 급속하게 좋아지기도 한다.

지인 U씨는 시내의 100세대 규모 아파트에 살고 있다. 지은 지 30년 가까이 되지만, 건물이 워낙 튼튼하고 교통도 편리해서 노후도 여기서 보낼 작정이다.

U씨가 정년퇴직을 맞은 해에 마침 두 번째 대규모 수리 이야기가 나왔다. 첫 번째 공사 때는 일이 바빠서 주민회의에 참석하지 못했지만, 이번에는 회의에 자주 참여했다. 그런데 아무리 봐도 공사 견적서가 이해되지 않았다. 견적서는 아파트 회사 자회사의 관리부에서 제출한 것이었다.

사실 U씨는 건축 일을 해온 그 분야의 전문가였다. 그래서 그는 "견적을 다시 받아봅시다" 하고 주민들을 설득했다. 이후 여러 회사의 경쟁을 통해 대규모 공사를 맡는 시공사가 새로 결정됐다. 대규모 공사비는 주민들의 관리비에서 지급하는데, 결과적으로 이곳 아파트 주민들은 U씨 덕분에 공사비를 크게 절감할 수 있었다. 이런 경험을 통해 주민들은 각자 가지고 있는 지식과 경험을 활용하는 게 얼마나 중요한지 몸소 배울 수 있었다.

또한 평상시 주민들끼리의 교류가 얼마나 중요한지도 새삼 느끼게 되었다. 대규모 공사를 위해 자주 만나서 대화하니 자연스럽게 친해져서 명절 때는 '주민 화합 노래자랑 대회'를 열거나 버스를 빌려 단체 여행을 가기도 한다.

주민회의에 적극 참가했던 U씨는 지금은 아파트 단지 안에 친한 이웃이 여럿 생겼다. 이웃과 모이면 머리를 맞대고 주민 결속을 위한 여러 행사를 기획하거나 아이디어를 내놓는다. 사이도 돈독해지고, 예전보다 훨씬 살기 좋은 아파트가 되었다고 한다. 정말 부러운 일이다.

남들과
비교는 이제 그만

　퇴직 후 활발한 인간관계를 원한다면, 학창 시절 옛 친구들과 재회하는 것도 좋은 방법이다. 50대라면 사회인의 발을 내디딘 지 20~30년 정도 됐을 텐데, 보통 이쯤 되면 모교에서 동창회 초청 문자나 이메일을 받아봤을 것이다.
　'어, 왜 나한테는 안 보내지?'라는 생각이 들면, 서운해하지 말고 직접 모임을 주최해보라. 틀림없이 찬성할 사람이 한둘은 있을 것이다. 만약 '동창회는 크게 성공했거나 삶에 여유 있는 사람들이 모이는 자리 아냐?'라고 주저한다면 나이 먹은 의미가 없다. 이제는 슬슬 남들과 비교하는 삶을 그만두길 바란다.

동창회에서 행복해 보이는 친구를 과하게 부러워하는 마음은 역으로 '남의 불행은 나의 행복'이라 생각한다는 뜻이다. 물론 사람의 자연스러운 심리이기도 하지만, 돌이켜보면 어쩐지 스스로 못나고 속 좁게 느껴졌던 적은 없는가?

동창회에 나갈 때마다 다른 친구들과 자신을 비교하고 좌절하게 된다면 굳이 나가지 말라. 그러나 매사 이렇게 남과 비교하며 살면, 남은 인생도 너무 피곤할 것이다.

> 사람들이 갖는 여러 문제의 대부분은 다른 사람과 자신을 비교하는 데서 시작합니다.

불교 성직자이자 세계적 현자인 알루보몰레 스마나사라는 이렇게 말했다. 많은 사람이 남의 행복을 자신의 것과 비교하고 자신의 불행을 남의 것과 비교한다. 또 과거의 행복과 지금을 비교하고 아직 오지 않은 미래의 행복을 현재와 비교한다. 이러면 당연히 불행한 마음이 들 수밖에 없다.

남은 남, 나는 나다. 지금껏 당신은 나름대로 열심히 살아왔다. 그런 자기 자신을 있는 그대로 인정하면 친구의 성공이나 행복에 같이 기뻐할 수 있고, 자신만 비참하다고 좌절하는 일이 없어진다.

오직 '나'의 행복, '지금'의 행복만 바라보자.

부정적 감정을
다스리는 법

 인간관계가 서툴러서 고민하는 사람들이 정말 많다. 심하면 우울증에 시달리기도 한다. 인간은 홀로 살아갈 수 없는 존재다. 은퇴 후에도 그렇다. '퇴직하면 사람들 지겨운 얼굴을 안 봐도 되고, 불필요하게 엮일 필요도 없겠지?' 하고 기뻐할 수도 있겠지만, 누구와도 교류하지 않으면 정신이 쉽게 병든다. 아무리 혼자가 편한 사람도, 더 나이를 먹어 요양원에 가게 되면 사람들과 교류는 피할 수 없다. 좋든 싫든 다른 사람과 교류해야 한다면, 어떻게 해야 좀 더 원만한 인간관계를 맺을 수 있을까?
 언젠가 서비스업 교육 전문가에게 '눈앞의 사람을 좋아하는 방법'에 관한 세미나를 들은 적 있다. 그곳에서는 둘씩 짝을 지어 옆 사람의 좋은 점, 좋아 보이는 다섯 가지를 쓰게 한다. 제한 시간은 1분. 거의 반사적으로 상대의 장점을 찾는 훈련을 한다.

이 훈련은 원래 서비스업에서 자주 써먹는 방법이라고 한다. 잠깐 고객을 대하더라도 상대방을 진심으로 좋아하지 않으면 호감을 얻을 수 없기 때문이다.

억지웃음이나 입에 발린 뻔한 칭찬으론 고객의 마음을 열 수 없다. 고객의 마음을 움직이지 않으면, 진정한 만족을 줄 수 없으므로 단골로 만들 수도 없다.

이는 평소의 인간관계에서도 마찬가지다. 상대의 장점을 먼저 보려고 하라. 그러면 상대의 결점이나 싫은 점은 그다지 신경 쓰이지 않게 된다. 예를 들어, '저 사람은 참견쟁이라 싫어'라고 느끼는 사람이 있다고 치자. 그런데 좋은 점을 찾으려고 다시 보면 '그래도 내게 신경을 잘 써주지. 조금 지나친 부분은 있지만…' 하며 나쁜 감정이 많이 수그러든다.

이렇게 다른 사람의 장점을 보려고 노력하면, 누구보다 내 마음이 편해진다. 남을 싫어하다 보면, 결국 내 마음도 편하지 않기 때문이다.

인간관계란 거울과 같다. 내가 상대를 싫다고 생각하면 상대도 나를 싫어한다. 반대로 내가 좋아하면 상대도 대개 호감을 보인다.

물론 이런 방법으로 아무리 노력해도 안 되는 사람도 있을 것이다. 그럴 때도 굳이 먼저 인연을 끊을 필요는 없다. 멀지도 가깝지도 않은 관계를 유지하는 방법도 있지 않은가? 어쩔 수 없이 만나야 한다면, 가능한 둘만 있는 상황을 피하고 공통의 친구를 초대해 세 사람 이상 만나자. 관심이 분산되고 껄끄러운 사람에게 감정을 소모할 일도 줄어든다.

나이가 들면 하나둘 먼저 세상을 떠나는 친구도 생긴다. 새로운 만남의 기회도 흔치 않다. 친밀한 관계를 맺는 일이 그만큼 점점 어려워진다. '옷깃만 스쳐도 인연'이라고 하지 않던가? 넓고 넓은 세상에서 서로 알게 되었다는 것만으로 뭔가 인연이 있지 않을까. 이렇게 생각하면 무턱대고 누군가를 싫어하지 않게 된다.

적당히
거리를 둔다

 젊었을 때부터 알고 지낸 친구와 나이 들어서 사귄 친구는 교제 방법도 다르다. 죽마고우는 오랜 시간을 공유하며 서로 잘 알고 있기에, 속마음도 편하게 털어놓을 수 있다. 하지만 중년 이후에 생긴 친구는 어느 정도 거리감을 두고 사귀는 편이 오히려 원만할 수 있다.
 일반적으로 사람은 나이를 먹으면 자신만의 세계가 확고해져서, 새로운 것이나 잘 알지 못하는 대상에 거부감을 먼저 느끼게 된다.
 그런데 친한 관계란 곧 상대에 대해 뭐든 알고 있어야 하는 관계라고 착각하는 사람이 있다. 나쁜 의도는 아니겠지만,

상대의 영역에 스스럼없이 침범하다 보면, 결국 곤란한 상황이 생기고 관계가 파국으로 치닫게 된다.

자신은 기껏 상대를 생각해준다고 했는데 오히려 사람들과 멀어진다면, 인간관계에서 어떻게 거리감을 두어야 할지 모르고 있을 가능성이 높다. 이럴 땐 자신을 잘 점검하자.

첫 만남에서부터 상대의 사적인 부분에 대해 거침없이 묻지는 않았나? "어떤 일을 하세요?", "자녀는 몇 명인가요?" "어디서 사시나요?", "차는 뭘 타고 다니세요?" 등 심문하듯 물어보면 상대가 질릴 수밖에 없다.

집요하게 다가가는 것도 좋지 않다. 예를 들어 문화센터에서 같은 강좌를 듣는 동년배를 만났다고 치자. 어쩐지 마음이 잘 맞아 보여서 휴식 시간에 "집에 가는 길에 차라도 한 잔할래요?" 하고 물어볼 수는 있다. 하지만 상대가 머뭇거리는데, "에이, 잠깐인데 어때요?"라는 식으로 부담을 주어서는 안 된다.

상대가 내켜 하지 않으면, 당장 그렇게까지는 하고 싶지 않은 것이다. 그러면 "차는 다음에 마시죠"라고 바로 물러서야 한다. 그러면 상대도 마음의 부담을 덜고, 우선은 멀지도 가깝지도 않은 만남을 이어갈 수 있다.

어른의 인간관계는 이처럼 약간의 거리를 두고 천천히 사귀는 방법도 있다는 걸 기억하자. 서서히 거리를 좁히다 보면, 언젠가 더 깊은 관계로 이어질 수도 있다.

부담 없는 관계가
오래간다

외출하거나 여행 갈 때마다 '이건 ○○씨가 좋아할 것 같아'라며 자꾸 무언가를 사서 남에게 주지는 않았나? 나는 이런 사람을 '주고 싶어! 증후군' 환자라고 부른다.

남에게 무언가를 주는 것이 당연히 나쁜 짓은 아니다. 상대에 대한 호의에서 비롯한 일이기 때문이다. 그러나 스스로 '나는 언제나 남을 배려하는 인심 좋은 사람'이라고 은연중에 생각하진 않았나 돌아봐야 한다.

'주고 싶어! 증후군'의 경우 남들이 자신에게 관심을 주길 바라는 마음이 지나치게 강한 경우가 많다. 스스로 모를 수 있지만, 물건으로 사람의 마음을 끌려는 심리가 뿌리 깊게 자리 잡고 있다.

하지만 받기만 하면 안 된다는 감정이 누구에게나 있다. 선물을 계속 받으면, 괜히 미안하고 심적 부담을 느끼게 된다. 퍼주기 좋아하는 사람의 의도와 반대로, 사람들과 멀어질 수 있다. 그러니 필요 이상의 호의를 베풀지는 말자.

군자의 사귐은 물처럼 담백하다.

《장자》의 이 말처럼, 노후에는 부담스럽지 않게 사람을 사귀자. 담백하고 상쾌한 교제가 오히려 서로에게 훨씬 기분이 좋은 관계를 만든다.

만일 외출하거나 여행을 갔다가, '어, 이거 ○○씨가 좋아할 것 같은데'라는 생각이 들었다면, 분명 상대가 보고 싶다는 증거다. 물건을 사는 대신, 그에게 전화를 걸거나 메시지를 보내면 어떨까? 안부를 묻고 가까운 시일에 식사나 차 약속을 잡아도 좋다.

여럿이 식사하거나 차나 술을 마시는 자리에서도 더치페이를 권한다. 젊은 사람 중에는 얻어먹는 게 무조건 좋다는 사람도 있을 것이다. 그러나 어느 정도 나이가 든 사람끼리

별 이유도 없는데 계속 얻어먹으면 마음이 무거워진다. 내가 먹은 만큼 내는 게 가장 깔끔하다.

　물론 생일처럼 특별히 축하하고 싶은 순간이라면 "오늘은 좋은 날이니까, 내가 한턱낼게"라고 말해도 괜찮다. 가끔 기쁜 마음으로 사거나, 또 얻어먹는 것도 관계를 더욱 돈독하게 만드니까. 한 번 얻어먹었으면, 한 번 사면 된다. 스스로 경제적 여유가 있다고 생각할수록 더치페이하는 게 좋다. 서로 빚지는 마음 없이 교제하는 것이 상대에 대한 진정한 배려다.

'아니면 말고'의
자세로 살아가자

사람들과 잘 어울리고 싶은가? 그러면 먼저 혼자서도 잘 지낼 수 있어야 한다.

모순된 말처럼 들리지만, 매우 중요한 얘기다. 특히 나이가 들면 젊은 사람보다 독립성이나 진취성이 떨어진다는 인식이 강하므로, 50대 이후부터는 더더욱 혼자서도 즐길 수 있는 사람이 되는 게 중요하다.

'전시회에 가고 싶은데, 같이 갈 사람이 없네.'

'이번에 개봉한 영화가 재밌다던데, 같이 가줄 사람이 없을까?'

이렇게 생각할 수는 있다. 혼자 즐기는 게 낯설어서 누군가에게 같이 가자고 말하는 심정도 이해된다. 그런데 상대가 "이번에는 어려울 것 같아"라고 답하면, "그러면 나도 안 갈래"라고 일사천리로 말하진 않았는가? 이러면 상대도 괜히 마음이 무거워진다.

함께하는 게 즐거울 것 같아 제안했는데 상대의 일정과 안 맞으면 "그래, 다음에 같이 가자"라고 가볍게 받아들이자. '아니면 말고' 자세는 혼자서도 충분히 즐길 수 있는 사람들의 공통점이다. 이러한 모습은 상대의 부담을 덜고, 산뜻한 인상을 준다.

또한 함께 놀러갈 때, 상대에게 계속 말을 걸어야 직성이 풀리는 사람이 있다. 상대는 별 관심도 없는 이야기를 한시도 쉬지 않고 떠든다. 눈치도 없어서 상대가 "저는 이제 한 군데 더 돌아보고 싶은 곳이 있어서…" 하고 말하면 "그래요? 나도 같이 갈래요!" 하며 끝까지 동행하려 한다. 이런 사람에겐 다들 질려버린다.

'낄낄빠빠', 즉 낄 때 끼고 빠질 때 빠져야 할 타이밍을 알아야 한다. 이런 타이밍을 아는 것이 좋은 관계를 유지하는 비결이다. 나이를 먹으면 사람은 누구나 저마다 습관이나 버롯이 강해진다. 남을 위해 희생하면서까지 오랫동안 지켜온 행동 방식을 즐겁게 바꿀 사람은 없다. 이 점을 깊이 새기고 노후에 시작하는 인간관계의 지침으로 삼기를 바란다.

사람의 마음을
사로잡는 대화법

사람들과 원만하게 사귀려면 상대의 이야기를 잘 들어주어야 한다. 엄밀히 말하면, 상대가 하고 싶은 이야기를 잘 끌어내야 한다고 할까.

원래부터 말수가 없는 사람도 있지만, 사람들은 대부분 자신이 대화의 중심이 되고 싶어 한다. 그래서 심리학적으로는 상대가 7, 내가 3 정도의 비율로 이야기할 때, 비로소 상대는 5대 5로 대화했다고 느낀다고 한다.

대화를 기분 좋게 이끌려면, 상대가 주연이라고 생각하고 그가 관심 있는 주제를 이야깃거리로 삼자. 이쪽은 고개를 끄덕이며 수긍하거나 상대가 앞에서 한 말을 되묻는 조연의 역할을 하는 게 좋다. 다음과 같이 처음 만난 사람과의 대화를 가정해보자. A가 상대방, B가 나다.

A: 저는 다 큰 아들이 하나 있습니다.
B: 그래요? 전혀 그렇게 안 보이는데, 동안이네요!
A: 하하, 자식 걱정 그칠 날이 없어서 늙을 틈도 없습니다. 실은 우리 애가 직장을 때려치우고 연극 쪽 일을 하고 있거든요.
B: 아하, 연극 쪽이라면 배우?
A: 아뇨, 무대조명 일을 하고 있어요.
B: 조명? 꽤 전문적인데요!
A: 네, 미국에 유학도 다녀왔는데…. 지금은 여러 무대에서 어시스턴트를 하고 있네요.
B: 미국 유학까지 다녀오다니, 대단하네요.
A: 아이고, 부모 등골 빼먹은 거죠, 뭐.
B: 하고 싶은 일이 뚜렷한 게 멋진 거죠. 올해 몇 살인가요?
A: 이제 서른다섯이에요. 아직 미혼인데, 언제 결혼해서 손주 얼굴이나 보여줄 수 있을지….

이처럼 어느 정도 거리감을 유지하면서도 상대에 대해 점점 더 많은 정보를 얻을 수 있다. 중요한 건 '나는 당신 말에 집중하고 있어요'라는 태도를 유지하면서, 질문은 간결히 해서 상대가 더 많이 말하도록 하는 것이다.

즉, 내가 적정 거리를 지키면 오히려 상대가 그 거리를 점점 좁혀 와서 어느새 꽤 친한 사이가 된다.

뭔가를 정할 땐 상대가 결정하도록 유도하는 것도 좋은 방법이다. 이것 또한 상대를 주역으로 만드는 교제 방법이다. 그렇다고 상대가 말하는 대로만 따르라는 건 아니다. 사실은 내가 원하는 것으로 결정되지만, 상대에게 이쪽이 결정했다는 인상을 주지 않는 대화법이다.

예를 들어 점심으로 초밥을 먹고 싶다면 이렇게 대화해보자. 이번엔 A가 나, B가 상대방이다.

A: 점심 뭘 먹을까요? 좋아하는 메뉴가 있나요?

B: 글쎄요. 파스타는 어떠세요? 잘하는 집을 하나 찾았거든요.

A: 앗, 정말 죄송해요. 사실 어제 이탈리아 요리를 먹어서요.

B: 음, 그러면 일식은 어때요?

A: 일식, 당기는데요! 메뉴는 뭐가 좋을까요? 유명한 초밥 가게도 있고, 장어덮밥 가게도 있는데. 아무래도 장어는 지금 좀 과하겠죠?

B: 그럼 유명하다는 초밥 가게에 가죠.

A: 좋아요! 초밥 먹으러 가요.

매번 이런 방법을 쓰라는 말은 아니다. 정말로 상대가 원하는 걸 선택하는 날도 물론 있어야 한다.

포인트는 상대를 주연으로 받들며 대할 것. 대화가 이루어지는 무대에서 상대에게 오롯이 조명을 비춰주라는 말이다. 상대의 표정을 살피면서, 이야기에 집중하고 있다는 인상을 주어야 한다.

이러한 '배려의 대화법'은 친구나 부부 사이는 물론, 부모 자식 사이에도 통하는 인간관계를 원활하게 만드는 비결이다.

칭찬은
고래도 춤추게 한다

"살면서 본 것 중에 가장 아름다운 풍경이었어요. 팔짱 끼고 걷는 노부부의 모습은 말이죠."

할리우드의 전설적인 여배우 그레타 가르보는 이렇게 말한 적 있다. 요즘에는 나이가 지긋한 부부가 함께 다니는 모습을 자주 볼 수 있다. 같이 장을 보거나 여행을 함께하는 부부도 있다. 은혼식이 지났을 것 같은데도 여전히 다정한 이들을 보면, 나도 모르게 미소가 슬며시 지어진다.

하지만 냉담하고 삐걱거리는 관계로 위태로운 생활을 하는 부부도 여전히 많다. 병원에 오는 여성 중에는 남편이 퇴직 후 매일 집에 있어서 극도의 스트레스를 받는 이도 있다.

빈둥대며 시간을 보내는 남편이 꼴도 보기 싫다고 토로한다.

지금 노인 세대 중에는 결혼하자마자 아이가 생겨 달콤한 신혼 생활을 누리지도 못한 채 '현실'에 찌들어 살아온 부부가 많다. 이런 부부는 자식이 독립하고 나면, 서로 말도 잘 섞지 않고 냉담하게 지낸다. 지금까지는 '자식'이라는 연결고리가 있었는데, 이제는 그것조차 끊어진 것이다. 그런데 이처럼 평소 소원했던 부부도 갑자기 한쪽이 병이라도 걸리면 그동안 잊고 있던 부부관계의 소중함을 깨닫기도 한다.

오랜 결혼생활 끝에 별거를 고려하는 부부가 있었다. 아내는 오래전부터 이혼하고 싶었지만, 전업주부로 살아온 터라 이혼 후 경제적으로 자립하는 게 막막했다. 두 딸의 취직과 결혼도 걱정됐다. 그래서 쉽게 갈라서지 못하고 '집 안 내 별거'를 해왔다.

그런데 아내가 그만 암에 걸리고 말았다. 겨우 50대 후반이었다. 그러자 남편은 뜻밖에도 매우 충실히 간병을 시작했다. 평소에는 서로 있으나 마나 한 존재로 여겼지만, 막상 아내가 아프니 그 존재가 새삼 소중하고 미안하게 느껴진 것이다. 아이러니하게도 병 때문에 두 사람의 얼어붙은 관계는 다시 온기를 되찾았다. 오랫동안 많은 일을 함께 겪은 동지애라고 할까, 정이 쌓인 것이다.

그러나 평소에도 서로 마음을 전하며 살았다면 두 사람의 관계가 좀 더 빨리 회복되지 않았을까? 이혼이나 졸혼이라는 선택지도 물론 있다. 하지만 노후는 굉장히 길기에, 웬만하면 혼자보다는 둘이 함께 사는 게 좋다고 생각한다.

작은 노력으로도 관계는 좋아질 수 있다. 특히 관계 회복을 할 때 감사와 칭찬만큼 효과적인 건 없다. 중요한 것은 평상시에도 '고맙다'는 말을 자주 나누는 것이다.

예를 들어 "거기 신문 좀 집어줘"라고 부탁하고 상대가 신문을 건네주면 아무 말을 하지 않거나 "응" 하고 마는 게 아니라, 진심을 담아 "고마워"라고 말하자. 배우자가 밥을 차려줄 때도 당연히 할 일을 했다고 생각하지 말고, "오늘도 애써줘서 정말 고마워"라고 감사를 표하자. 이러한 작은 노력이 부부관계를 바꾼다.

칭찬도 아끼지 말자. 배우자가 간만에 멋을 내면 "오, 멋지네. 당신하고 정말 잘 어울려"라고 한마디 해주자. 시사 프로그램을 보는데, 괜히 아는 체를 하면 "당신은 정말 모르는 게 없네"라며 자존심을 챙겨주자. 실없는 소리 같지만, 아주 중요하다. 사소한 노력을 반복하는 동안 부부관계는 서서히 회복된다.

최근 퇴직한 한 지인은 아내가 도맡았던 집안일을 분담하기로 했다. 덕분에 아내에게 '젖은 낙엽' 취급받지 않고 평화로운 일상을 보낸다며 웃었다.

또 다른 지인은 배우자가 퇴직하자 '서로 일주일에 하루씩 자유롭게 외출해도 좋다'는 규칙을 정했다. 한쪽 배우자가 외출하는 날에는, 남은 배우자가 저녁 준비를 맡는다.

퇴직한 남편을 둔 아내가 스트레스받는 가장 큰 이유는 남편은 집에서 하는 일 없이 노는데 여전히 자기만 집안일에 쫓기고 있기 때문이다. 퇴직 후에는 살림을 절반씩 분담하는 게 가정의 평화를 위해서도, 부부관계를 위해서도 좋지 않겠는가? 혹시 배우자가 집안일에 서툴러도 너무 타박하지 말자. 오히려 용기를 북돋고 칭찬해주자.

지금까지 그랬듯 앞으로 남은 기나긴 인생도 끝까지 함께 할 사람은 배우자뿐이다. 이 귀중한 인연을 더 소중히 여겨 앞으로도 멋진 부부의 역사를 써나가자.

부모 자식 사이에도
지나친 의존은 그만

미국 최고의 명문가인 록펠러 가문. 석유 회사를 설립해 거부가 된 J. D. 록펠러를 시조로 하는 이 가문은 오늘날에도 세계적 규모의 경제 및 정치 활동과 자선사업으로 유명하다.

그런데 "우리 집은 록펠러가와 같은 가풍이 있어요"라며 밝게 웃는 한 여성이 있다. Y씨는 남편과 생각이 달라 젊은 나이에 이혼했다. 아이를 낳은 후에는 다시 일을 하고 싶었는데, 남편은 아내가 계속 전업주부로 있어주길 바란 것이다. Y씨는 이혼 후 본업에 복귀하며, 홀몸으로 두 자식을 번듯하게 길러냈다.

나는 Y씨에게 그녀가 추구한다는 록펠러가의 가풍이 뭔

지 물었다. 그녀는 답했다. "자식들이 성인이 된 뒤에는 부모에게 경제적으로 의지하지 않는다는 거죠."

록펠러가는 자식이 열여덟 살이 되면 집을 나가 자립하는 것이 가풍이라고 한다. 대학 등록금도 부모 손을 빌리지 않고, 틈틈이 일하거나 장학금을 받아 졸업해야 한다.

생물의 존재 의의는 자손에 생명과 DNA를 계승하는 데 있다. 단지 자손을 낳기만 하면 끝나는 게 아니다. 스스로 먹이를 잡을 수 있도록, 적으로부터 몸을 지킬 수 있도록, 살아갈 수 있는 기술과 지혜를 가르쳐 자립을 도와야 한다. 그렇게 자란 후대는 그다음 세대에게 기술과 지혜를 전한다. 이 연쇄가 끝없이 이어져서 지금의 생태계가 만들어졌다. 인간도 예외는 아니다.

Y씨는 '열여덟 살이 되면'을 '직장인이 되면'으로 조건을 조금 조정했지만, 록펠러가처럼 자식들의 직업과 배우자 선택은 물론 손주가 태어나도 양육에 일절 참견하지 않는다. 자식들에게는 그들만의 인생이 있다는 생각을 철저하게 지키고 있다.

얼핏 간단해 보이지만 쉬운 일이 아니다. 주위를 살펴보면, 노후에도 체력과 정신력 그리고 경제력도 거뜬한 사람이 늘어났다. 그런데 그렇게 남아도는 힘을 자신이 아닌 자녀나 손주에게 지나치게 쏟아붓는 이들이 많다.

아내의 친구 중에도 손주를 돌보느라 자기 시간이 없는 사람이 있다. 노후에는 편히 쉬나 싶었는데 딸이 맞벌이해서 손주의 육아를 도맡을 수밖에 없었다고 한다. "친구네 엄마들은 척척 손주들 잘 봐주시던데…"라는 딸의 부탁을 거절할 수 없었던 거다. 하지만 아내의 친구도 록펠러가의 가풍을 지향했다면 어떨까? 그러면 "계속 일하고 싶으면, 부모에게 의존하지 말고 맡길 수 있는 곳을 찾아라"라고 단호하게 거절할 수 있었을 텐데 말이다.

그뿐인가? 자녀가 집을 사고 싶다고 하면 흔쾌히 보증금을 내주거나 차를 사주는 사람도 있다. 이처럼 자식이 커서도 뒤를 봐주는 부모가 꽤 많다. 당연히 이런 관계는 부모에게도 자식에게도 좋을 리 없다.

부모가 자식에게 경제적 지원을 하면, 자신도 모르게 시시콜콜 참견하고 싶어진다. 당연하다. 하지만 자식의 생활 방식이나 손주의 교육 방침에는 참견하지 않는 게 좋다. 아무리 사랑해서, 더 잘됐으면 하는 마음에 참견한다고 해도, 성장한 자식 귀에는 잔소리로만 들릴 테니까.

부모든 자식이든 서로 지나치게 의존하지 말자. 물론 위급한 상황이나 어쩔 수 없을 정도로 힘들 때는 언제든지 든든한 아군이 되어야 한다.

록펠러의 가풍을 지향하는 Y씨에게 배우고 싶은 점이 또 하나 있다. 자녀와 즐거운 시간을 갖기 위해 적극 노력한다는 점이다. 예를 들면 적어도 1년에 한 번은 아들, 딸과 그 식구들을 다 데리고 2박 3일 가족 여행을 떠난다. 자식이나 손주 생일에는 다른 날보다 호화로운 식사 모임을 한다. 물론 비용은 그녀가 부담한다.

"자식들과 사위, 며느리, 손주들 모두 인연이 있어서 한 가족이 되었으니까요. 언제까지나 지금처럼 행복하게 지내고 싶어요."

좋은 관계를 유지하면서도 화기애애한 Y씨 가족을 보며, 나도 더 나이가 들어서도 가족과 함께 즐기는 시간을 자주 갖고 싶어졌다.

소원했던 친척에게
연락해보자

요즘은 외동이 흔하고 형제자매가 있어도 둘 정도다. 그래서인지 과거와 달리 혈연 간 유대가 많이 약해졌다.

"우리 세대에는 친척끼리 교류가 많았죠."

P씨는 언니 하나, 남동생 둘인 4남매 집안에서 태어났다. 그러나 P씨와 형제자매의 자녀 수를 살펴보면 두 자녀를 둔 가족이 두 집, 외동아이인 집이 두 집이다. P씨의 조카 세대까지 살펴보면, 아직 아이를 낳은 조카는 둘 뿐이다. "조카 손자는 둘 다 외동이라서, 한 형제처럼 자라면 좋겠어요."

P씨는 퇴직을 앞둔 무렵, 정기적인 가족 모임을 제안했다. 형제자매 모두 비슷하게 정년이 다가오는 나이라 노후를 어

떻게 보낼지 고민하던 차였다. 모두 흔쾌히 제안을 받아들였고, 지금은 1년에 서너 번 일가친척이 모여 식사하거나 여행을 가곤 한다. P씨의 조카 손자들끼리는 사이가 아주 좋아서, 이번 여름 방학 때는 둘이 함께 캠핑하기로 했다고 한다.

P씨의 형제는 다행히 네 사람 다 수도권에 살고 있어서 자주 만날 수 있지만, 고향이나 멀리 떨어진 친척과도 가끔 만나서 친하게 지내면 좋다.

특히 자녀가 외동인 경우는 나중에 혼자 남을 아이를 위해서라도 친척과의 교류를 중시하자. 지금까지 친척과 소원했다면, 내가 먼저 찾아가 교류를 재개해보자.

결혼식이나 제사 같은 관혼상제는 일가친척의 유대를 돈독하게 해주는 기능도 있는데, 요즘은 워낙 간소화되고 생략하는 집이 늘어서 그런 기회마저 줄었다.

모처럼 고향 친척들을 찾아뵙는 건 어떨까? 꼭 명절 때가 아니어도, 먼저 연락을 드려 약속을 잡아보자. 요즘에는 지역 곳곳에서 특산물 축제도 많이 열린다. 겸사겸사 나들이도 하면서 반가운 얼굴들과 재회하면 일거양득이다.

정말 힘들 때는
솔직하게 도움을 청하라

여기 두 사람이 있다. "절대 신세 지지 않을 거야. 뭐든 혼자 할 테니까 너희들은 신경 쓰지 않아도 된다"며 자식에게 큰소리치는 부모, 그리고 "정말 힘들 때는 말할 테니 그때 도와주렴"이라고 말하는 부모. 당신은 어느 쪽에 가까운가?

만약 전자처럼 '끝까지 마이웨이'라는 입장이라면 생각을 조금 유연하게 바꿀 필요가 있다. 무조건 자식에게 의존하는 것도 민폐지만, 정말 힘들 때는 솔직하게 도와달라고 말하는 편이 훨씬 현명하다.

나이가 들어서도 독야청청 살고 싶은 마음은 이해한다. 젊을 때와 비교해 몸과 정신이 둔해졌다는 걸 알기에, 더더욱 혼자 해내고 싶을 것이다. 그러나 아무리 요즘 노년은 예전과 다르다고 해도, 젊을 때와 비교할 수는 없다.

무턱대고 자녀에게 의존하라는 말은 당연히 아니다. 우선은 스스로 최선을 다해보려고 하되, 어디까지나 '가능한 선'에서 해결하자. 지나치게 애써야 할 일이면, 차라리 주변에 도움을 청하는 게 맞다.

N씨는 "아무에게도 신세 안 질 거야!" 입버릇처럼 외치던 어머니가 치매에 걸리자, 간병을 위해 일까지 그만둬야 했다. 그런 어머니를 옆에서 지켜보면서, 그 누구에게도 신세를 지진 않겠다고 단언할 수 없다는 사실을 절실히 깨달았다.

N씨 또한 이제는 노후를 대비해야 할 나이에 접어들었다. 그녀는 무슨 일이든 너무 심하게 애쓰지 않도록 주의한다. '도움의 손길은 언제나 환영'이 지론이다. 누군가 "도와드릴까요?"라고 제안하면, "괜찮아요"라는 말 대신 "고마워요. 정말 큰 도움이 돼요"라며 솔직하게 받아들인다. 그러면 상대도 매우 기뻐한다는 사실을 깨달았기 때문이다. 나이 든 사람에겐 이러한 솔직함, 융통성이 필요하다.

노화는 한 걸음 한 걸음 다가온다. 이를 자연스럽게 받아들이되, 부족한 부분은 도움받는 것이 진짜 '나답게' 사는 방법이다.

98세의 천수를 누린 작가 우노 치요는《사는 행복 늙는 행복生きる幸福 老いる幸福》에서 이렇게 말했다. 때에 따라 주변의 힘을 잘 빌릴 수 있는 유연한 어른. 우리는 그런 모습을 목표로 해야 한다.

4장

기분이 산뜻해지는 일상 노하우

멋진 노년으로 살아가는 14가지 기술

나이를 더해가는 것만으론
사람은 늙지 않는다.
이상과 열정을 잃어버릴 때에야
비로소 늙는다.

— 사무엘 울만

집을 정리하자

이런 상황을 상상해보자. 지인이 갑자기 전화를 걸어서, 당신 집 근처에 왔는데 잠깐 들러도 되냐고 묻는다. "물론이죠"라고 주저 없이 대답할 수 있는가? 아니면 "아, 안 돼요! 내가 나갈게요!"라며 허둥지둥할 것인가?

집안의 정리 상태는 그 사람의 마음 상태를 보여주는 척도라고 한다. 구석구석 말끔히 닦인 바닥, 제자리에 착착 열 맞춰 놓인 집기들은 집주인의 마음 또한 잘 정리되어 있고 안정됐다는 것을 보여준다. 반대로 발 디딜 틈 없이 집이 어지럽거나 불필요한 물건이 잔뜩 쌓여 있다면, 대체로 집주인의 머릿속이나 마음속도 마구 뒤얽혀 있을 가능성이 높다.

예전에 집 안에 온갖 잡동사니를 잔뜩 쌓아두는 사람을 다룬 다큐멘터리를 본 적 있다. 낡아빠진 셔츠에서부터 먹고 남은 과자봉지까지 온갖 물품과 쓰레기를 버리지 못하고 계속해서 쌓아만 두었다. 누가 보기에도 증상은 심각했다. 실제로 집주인의 정신 상태를 분석해보니 심각한 강박 장애를 앓고 있었다. 고독사한 사람이나 은둔형 외톨이의 집 상태가 대체로 그렇다.

집 안을 둘러보자. 고장 난 전자제품이나 망가진 가구 등을 그대로 방치하고 있지는 않은가? 더 이상 쓸 일이 없는 물건이 몇 년째 쌓여 있지는 않은가? 정리를 못 하는 사람은 '쾌적하게 살아야지', '기분 좋게 살아야지' 하는 마음을 아예 잃어버린 경우가 많다. 잠깐 치우면 되는데도, '될 대로 되라'는 태도로 살아간다. 집 정리도, 마음 정리도 제대로 못하면 극단적으로는 치매나 우울증으로 발전하기 쉽다.

왠지 기운이 없는 날에는 일부러라도 주변을 깨끗하게 정리해보자. 책상 위라든지, 부엌만이라도 정리한다. 장소를 특정하면 1시간 만에 깨끗하게 치울 수 있다.

시작하기가 어려웠어도, 정작 정리가 끝나면 기분이 산뜻해진다. '이제 책을 좀 읽을까?', '잠깐 외출이라도 할까?' 하고 새로운 기운이 솟아난다.

인생의 전환기마다
대청소를

주변 정리를 하면 마음속까지 깨끗하게 정리된다. 앞서 말한 것처럼, 주변 정리와 개인의 심리 상태는 깊은 연관이 있기 때문이다. 이런 사실이 알려지면서 요즘에는 정리법 붐까지 일고 있다.

인도의 부자들은 일정한 나이가 되면 그때까지 가지고 있던 것들을 조금씩 정리하는 수행을 한다. 가지고 있는 것을 떠나보냄으로써, 노화와 죽음에 대해 마음의 준비를 하는 것이다. 지니고 있던 물건을 조금씩 줄여나감으로써, 오히려 홀가분하고 쾌적한 마음을 유지할 수 있다.

사람은 나이가 들면서 체력과 정신력, 경제력 등 모든 면에서 서서히 내리막에 접어든다. 이를 고려하여 물건이든 집이든 잔뜩 가지고 있기보다는, 혼자 감당할 수 있는 정도만 소유하는 게 좋다. 간소한 삶이야말로 중년 또는 노년의 체력과 정신력, 경제력에 걸맞다.

50세나 60세 생일, 혹은 정년퇴직을 맞은 해 등 인생의 전환기에 접어들 때 주변을 대대적으로 정리해보자.

영화배우 다카미네 히데코는 55세에 연예계를 은퇴했다. 그녀는 그때까지 살던 대저택을 떠나 작은 집으로 옮겼다. 배우 생활을 그만두면 이제 연예계 손님이 자주 드나들 일도 없을 테니, 넓은 집이 필요 없다고 생각한 것이다. 호화로운 가구도, 손님을 접대하기 위한 식기류도 더 이상 필요 없다고 생각해 처분했다. 심지어 남편인 각본가 마츠야마 젠조의 100개가 넘는 트로피까지 버렸다고 하니, 그 결단과 과감함이 놀랍다.

인생의 전환기에는 그때까지 쌓아두었던 것을 대청소하고 꼭 필요한 물건만 남기자.

학창 시절, 신학기가 되면 교실 대청소를 하던 기억이 있지 않은가? 새 학년, 새 학기의 시작을 대청소와 함께했던 것처럼, 인생의 전환기를 대청소로 기념하자.

사는 집의 크기나 생활 규모에 따라 다르겠지만, 수납공간의 70~80퍼센트까지만 물건을 보관하는 게 좋다. 공간에 여유를 두는 것이다. 또한 선반이나 바닥 위에 올려놓은 것들도 최대한 줄이자.

소유물이 줄면 물건을 한눈에 파악할 수 있다. '그게 어디 있었지?' 하고 물건 찾는 데 시간을 허비하는 걸 막을 수 있다. 그것만으로도 자기 자신이 생활 전반을 통제하고 있다는 기분이 든다.

청소 후에도 말끔하게 정돈된 상태가 유지되도록 노력하자. 정리가 잘 됐는지 따져볼 때는 언제, 누가 집을 방문해도 기분 좋게 맞을 수 있는지 자문해보자. 정리가 잘된 상태라면, "물론이에요. 들르세요"라는 말이 흔쾌히 나올 것이다.

노후의 돈 문제를
해결하는 법

일본에서는 노후 자금으로 3천만 엔(한화 3억 원) 정도가 필요하다고 한다. 5~7천만 엔(한화 5~7억 원)은 있어야 한다는 사람도 있다. 이런 이야기를 들을 때마다, 통장 잔액을 떠올리며 안색이 어두워지는 사람들이 많을 것이다.

하지만 대중매체가 전하는 수치는 평균, 혹은 이상적인 금액이다. 누구나 그 정도라면 노후가 문제없는 금액이라고 할까. 아무리 이상적인 숫자가 그렇더라도, 결국 사람들은 자기가 가진 돈으로 자기 인생을 살 수밖에 없다.

지금 내 손에 없는 것은 그저 '그림의 떡'이다. 비단 돈 문제뿐만이 아니라 인생 전반에 적용할 수 있는 정신이다. 퇴직을 앞두고 있다면 자신의 경제 상황을 정확하게 파악해야 한다. 없는 돈을 만들어낼 수는 없기 때문이다.

기초연금이니 국민연금이니 연금의 종류마다 다르지만, 연금으로 생활하기 시작하면 일할 때 수입의 60퍼센트 정도밖에 되지 않는다. 또한 통계적으로 여성은 남성보다 수명이 길다. 게다가 남편이 아내보다 연상인 부부가 많으므로 노후의 마지막 몇 년간은 여성 혼자 보낼 가능성이 크다. 혼자가 되면 유족 연금으로 살아가야 한다.

유족 연금은 배우자가 생존했을 때 나오던 금액보다 적다. 그런데 혼자 산다고 둘이 살 때의 반만큼 돈이 드는 것도 아니다. 주거비나 광열비 등, 생활의 기본 경비는 혼자든 둘이든 큰 차이가 없다.

혼자가 되었을 때도 잘 살아갈 수 있을까?

앞날을 걱정한다고 해서 해결되는 것은 없다. 그 시간에 현실적인 준비를 해두자. 퇴직에 가까워질 무렵에는 자식들도 거의 다 자라서 교육비 지출에서 해방됐을 것이다. 주택 대출금도 어느 정도 해결된다. 이렇게 고정적으로 빠져나간 돈을 슬슬 노후를 위해 전환하고 저축을 늘려야 한다.

만약 둘 다 자영업자였던 부부라면, 노후에 국민연금으로 생활하다가 둘 중 한 사람만 남게 되었을 때 유족 연금으로만 생활하는 건 아무래도 무리일 것이다. 그러니 개인적으로 연금보험을 들어두는 등 노후에 필요한 준비를 해둬야 한다. 나이가 많아질수록 보험료도 오르니, 가능하면 빨리 가입하는 게 좋다. 주택담보연금 등 다른 상품들도 꼼꼼히 살펴보자. 생명보험이나 의료보험 역시 보험료나 보장 내용을 꼼꼼하게 확인하자. 젊을 때는 불필요하게 느껴지더라도, 나이가 들면 보험이 필수다. 보장 내역이 달라질 수 있으므로 기존에 가입한 보험 상품과 신상품을 비교하고, 가족력 등도 자세히 살펴서 적합한 상품으로 가장 갈아타는 게 좋다.

시간제라도 일을 계속하는 것도 좋은 방법이다. 경제적으로 보탬이 되고, 정신적으로도 보람을 느낄 수 있다. 다만 너무 무리는 하지 않는다. 건강을 해치면 오히려 의료비가 더 들어가는 걸 명심하자.

돈을 쓸 때
주의할 점

늦어도 중년부터는 천천히 노후 자금을 준비해두는 게 좋다. 이때 소비 습관도 점검해보자. 직장을 다닐 때는 다달이 들어오는 월급 외에도 상여금이 있고, 퇴직할 땐 퇴직금 또는 퇴직연금도 생긴다. 그러나 노후에는 따로 일하지 않는 한 약간의 연금이 수입의 전부다.

그렇다고 미리 움츠러들 필요는 없다. 앞서 이야기했듯, 정년을 앞둔 시기부터는 그때까지 가계에 큰 짐이었던 교육비나 주택 대출금에서 어느 정도 해방되기 때문이다.

일본의 경우에는 노인들이 저축을 많이 한다. 2008년 총

무성 조사에 따르면 60대 이상의 평균 저축액은 2346만 엔 (한화 2억 3460만 원)에 이른다고 한다. 한편 2008년 일본의 경제신문《닛케이 플러스 원》에 따르면 자식이 부모에게 평균 2,200만 엔의 금융자산을 상속받는다고 한다. 금융자산이란 토지나 집 등 부동산 외에 저축액이나 주식만으로 보유한 자산이다.

부모가 물려주겠다는 돈이 있으면 자식들은 군소리 말고 감사히 받으면 될 텐데, 현실은 아닌가 보다. 가정재판소에는 재산상속을 둘러싼 소송이 가장 많다고 한다. 막대한 유산을 둘러싼 분쟁이 아니라, 총자산 몇백만 엔 정도의 소액 유산을 둘러싼 분쟁이 대부분이다.

약간의 자산을 남기는 일은 부모와 자식 사이에, 또는 자식들끼리의 다툼을 일으킨다. 그러면 차라리 자기 선에서 깨끗하게 써버리는 편이 낫지 않을까? 꼭 그러라는 이야기는 아니고, 한번 생각해보라는 것이다. 자식에게 너무 의존하는 것도 좋지 않지만, 자식만을 위해서 사는 것도 좋지 않다.

지금까지 가정을 위해, 자식을 키우려고 돈을 벌고 써왔다면, 이제는 가치관을 바꾸자. 어떤 것이 나 자신의 인생을 풍요롭고 즐겁게 만들 것인가? 이 점을 최우선으로 생각하면서, 또한 현실적인 조건을 잘 헤아려보면서 나에게 딱 맞는 최적의 소비 규모를 찾아야 한다.

'식스 포켓Six pocket'이라는 말을 들어본 적 있는가? 아이들에게는 여섯 개의 주머니가 있다는 뜻이다. 부모라는 주머니 2개, 양가 조부모라는 주머니가 4개, 한 아이를 위한 돈이 이 여섯 명의 주머니에서 나온다는 뜻이다. 간신히 자식에게 돈 들어갈 일을 끝마쳤는데, 이제는 손주가 태어난다. 장난감부터 유명 브랜드 옷, 심지어 교육비까지 부담하는 사람들을 꽤 봤다. 좋은 조부모가 되고 싶은 마음도 이해한다. 하지만 어지간히 여유가 있지 않으면, 퇴직금이나 연금만으로 노후를 꾸려가기에 빠듯하다. 가끔 주는 용돈 정도면 모를까, 만날 때마다 "뭘 갖고 싶니?" 하고 달콤한 말을 건네는 건 자신을 위해서도, 그리고 손주의 교육상으로도 좋지 않다.

노후에 가장 중요한 것은 나 자신, 그리고 배우자다. 이를 챙기는 데 온전히 돈을 쓴다는 생각으로 전환하자.

큰돈 번다는 이야기는
듣지도 말하지도 말라

일본인이 장롱에 쌓아둔 개인 자산은 무려 1,400조 엔에 달하며, 그 대부분은 고령자가 가지고 있다고 한다. 도대체 그 많은 돈이 어디에 있을까? 우리 집 장롱 속도 한번 뒤져보고 싶어진다.

이 점을 알고서일까? 많은 고령자가 '장롱 예금'의 피해자가 되고 있다. 사람들은 충분히 돈을 가지고 있어도 웬만해서는 만족하지 못한다. '이걸로는 마음이 좀 불안해', '재산을 더 늘려야 하지 않을까' 하는 마음은 누구나 가지고 있어서, 이런 심리를 파고들어 '고수익이 보장되는 투자가 있다'는 식의 달콤한 말로 고령자를 꾀는 전화가 걸려온다. 그런 말은 아예

귀담아듣지 말자.

많은 고령자가 이렇게 장롱 예금을 노린 전화의 피해자가 되고 있다. 낮에 집에 있는 사람이 많은데다 시간적인 여유도 있기에 투자 이야기에도 귀를 기울이게 된다. 혼자 사는 노인 중에는 외로움을 못 이기고 투자를 제안하는 전화나 방문에 자기도 모르게 마음을 허락하고 마는 사례가 많다. 한참 이야기를 듣고 있다 보면 괜히 솔깃해서 바짝 다가앉기도 하고, '이렇게 친절하게 설명해주었는데 거절하기 미안해서…' 하고 돈지갑을 연다.

꼭 사기꾼만 이런 행위를 벌이는 건 아니다. 누구나 다 아는 금융기관에서 나온 경우, 수상한 이야기는 절대 아닐 거라 과신하는 사람도 많다. 그 금융기관을 믿을 수 없다는 건 아니지만, 투자할 땐 항상 이익과 위험이 비례한다는 원칙을 명심하자. 세상에 그렇게 쉬운 돈벌이가 어디 있겠는가? 수익이 높으면 그만큼 위험도 크다.

높은 수익성이 '보장'되는 투자를 했으니 금세 이익을 보겠거니 믿었다가 반대 결과가 나오면 크게 낙담한다. 심한 경우, 노후를 위해 알뜰살뜰 모은 돈을 전부 날리고 극심한 우울증에 시달리는 사례도 있다.

 높은 수익이 기대되는 투자, 즉 위험성 높은 투자는 그 돈이 없어져도 크게 상관없는 '잉여자금'의 범위 안에서 하자. 이것이 기본 원칙이다. 잃어도 되는 남아도는 돈 같은 게 없다면 애초부터 그런 무리한 투자 이야기 따위엔 관심도 보여선 안 된다.

 '보지도 듣지도 말하지도 않는다.' 사실 투자에는 이러한 태도가 기본이다. 일절 관심을 두지 않으면 마음이 흔들릴 이유도 손해 보는 일도 없다.

 가끔 손해 볼 생각으로 복권을 사는 정도는 봐줄 수 있다. 하지만 내 주변에서 복권으로 큰돈을 땄다는 사람은 아직 한 번도 본 적이 없다. 당신의 주변은 어떤가?

 복권을 살 때 전 재산을 탕진할 정도로 쓰는 사람은 없다. 당첨이 안 돼도 웃어넘길 수 있을 정도로 산다. 소중한 재산을 복권에 탕진하는 어리석은 사람은 없다. 또한 고수익이 무조건 보장되는 안전한 투자 같은 것도 절대 없다. 이 점을 절대 잊지 말고, 명심하자.

돈 관리는
누가 해주지 않는다

'노인 상대 보이스피싱으로 수백만 엔대 사기!'

요즘 신문에 자주 등장하는 기사 제목이다. 간략히 말하면 이런 식이다.

어느 날, 경찰·검찰 등 수사기관이나 금융감독원·은행 직원을 사칭한 전화가 온다. "범죄에 연루되어 조사받아야 합니다. 일단 지금 계좌에 있는 돈은 안전한 계좌로 옮겨두세요"라거나 "카드가 위조되었으니 바로 비밀번호를 바꿔야 합니다"라는 식으로 알린다. 상황이 시급한 만큼 전화를 받은 사람은 당황하면서 상대의 지시에 따라 돈을 송금하거나 자기 계좌나 인증서 비밀번호를 쉽게 알려준다. 그러고서 시간이 지나 왠지 찜찜한 마음에 부랴부랴 알아보니, 이미 계좌에서는 상당한 액수가 인출된 뒤였다. 보이스피싱 사기를 당한 것이다.

내가 일전에 본 기사에선 이런 보이스피싱 피해자가 혼자 사는 85세 할머니였다. 이런 기사를 접할 때마다 금전 문제를 고령자 혼자 판단하고 책임지는 게 대단히 어렵다는 걸 깨닫게 된다. 이 할머니는 치매를 앓고 있었을까? 알 수 없다. 다만 긴박한 상황이 되거나, 상대가 그럴싸하게 소속을 밝히며 유도하면, 멀쩡한 성인도 사기를 당할 수 있다.

치매까지는 아니더라도, 70~80대쯤 되면 돈을 스스로 관리하는 일이 점점 어렵게 된다. 이런 날을 대비한 제도가 바로 대리인 제도다. 하지만 누가 어떻게 '더 이상 홀로 돈 관리하는 게 어렵다'고 스스로 판단할 수 있겠는가?

내가 아는 한 여성 작가는 고령임에도 현역에서 왕성하게 활동하고 있다. 그녀는 70세가 되자, 지금까지 친하게 지내온 편집자 중에서 가장 믿을 만한 사람을 정해 그에게 제일 먼저 원고를 보내기로 했다. 그리고 이런 부탁을 했다. 원고를 읽다가 자신의 집필 능력에 조금이라도 문제가 생긴 것 같다고 느끼면, 지체하지 말고 '펜을 놓아야 할 시간이 왔다'고 알려 달라는 것이다.

    돈 관리 문제도 제삼자의 입장에서 판단하고 분명히 알려 줄 사람을 정해두는 게 좋다. 하지만 누구를 믿고 부탁할 수 있는지 정하는 일이 쉽지는 않다.

    가족이나 친척은 객관적이지 못하다. 유산 문제도 얽혀 있어서, 오히려 불화를 씨가 될 수 있다. 막역한 친구처럼 친밀하고도 객관적인 입장의 사람을 한두 사람 뽑아 부탁하면 좋은데, 적당한 사람이 없다면 결국 스스로 해결하는 수밖에 없다. 예금통장, 카드나 인감 등은 절대 다른 사람에게 맡기지 말고, 필요할 때는 금융기관에 가서 직원이나 상담사의 조언을 받아보자.

추억이 깃든 물건은
최대한 단출하게

스마트폰이나 디지털카메라가 널리 보급된 덕에, 요즘에는 너 나 할 것 없이 사진을 많이 찍는다.

지인 한 사람도 사진을 무척 좋아해서, 여행을 가면 조금 걷다가 이내 "자, 포즈!"의 연속이다. 여행을 마치고 집에 돌아오면 찍어온 사진에다 관광지 입장권이나 팸플릿, 역에서 파는 도시락 포장지나 여관 팸플릿까지 붙여서 사진첩을 만든다. 그리고 "여행을 한 번 다녀오면 사진첩 하나가 완성되지요"라며 웃는다. 마치 사진첩을 만들기 위해 여행을 가는 것처럼 보일 정도다.

이렇게 무언가에 열중하며 마음껏 즐기는 것은 좋은 일이다. 하지만 언젠가 자신이 사라지고 나면, 남은 사람에겐 버리기 힘든 애물단지가 될 수 있다는 사실도 명심하자.

지인은 이렇게 사진첩을 만드는 일 말고도 꼭 남기고 싶은 사진을 엄선해 DVD로 보존하고 있다. '내가 죽으면 사진첩은 처분해도 되지만, 이 DVD만은 소중히 간직해줘'라고 메모도 붙여두었다.

아무리 즐거웠더라도 추억이 얽힌 물건을 산더미처럼 남겨둘 필요는 없다. 솔직히 말해서 추억은 마음속 깊이 간직하는 편이 낫다.

이제부터는 여행지에서 카메라는 잠시 잊자. '이것도 찍고, 저것도 찍어야 해!'라며 연신 셔터를 누르거나 한 걸음 뗄 때마다 이내 브이 자를 그리는 버릇은 자제하자. 대신 바람의 속삭임, 햇볕의 온화함, 빛과 그림자의 대조가 그려낸 풍경, 지역 별미의 군침 도는 냄새 등을 온몸으로 느끼고 오는 것은 어떤가?

쇼핑은
기분 좋을 때만

J씨는 계절이 바뀌는 무렵이면 옷장 정리를 한다. 그때마다 불필요한 물건을 얼마나 쌓아뒀는지 깨닫고는, 앞으로는 꼭 필요한 물건만 사자고 결심한다.

그러나 1년이 지나면 원상 복귀, 또다시 진저리 칠 정도로 물건이 쌓인다. 만약 당신도 비슷하다면 쇼핑 습관을 근본적으로 점검해봐야 한다.

우선 매일 쇼핑하는 습관을 버리자. 혼자 또는 부부 두 사람의 살림살이면 일주일에 한두 번 장을 보는 것만으로도 일상에 필요한 물건은 대부분 살 수 있다. 마트든 백화점이든 쇼핑을 자주 다니면, 꼭 필요한 물건뿐 아니라 불필요한 물건도 잔뜩 사게 된다.

또한 싸다고 사지 않는다. 특별 세일이나 덤이라는 말에 잔뜩 샀다가 제대로 쓰지 못하고 버리면 오히려 손해다. 대신 이제는 좀 더 질 좋은 물건을 사자. 식료품이든 옷도 양보다 질을 따져 구매하는 게 좋다.

나이를 먹으면 많은 옷이 필요 없다. 정말 좋아하는 옷, 품질 좋은 것만 골라 입는 습관을 들이자. 좋은 옷이라고 무조건 비싼 옷은 아니고, 단정하고 품질이 좋아 유행을 타지 않고 오래 입을 수 있는 게 좋다.

불필요한 물건을 충동적으로 구매하지 않으려면, 마음이 울적하거나 왠지 따분한 기분일 때는 쇼핑하지 않는 것이 좋다. 충동구매를 하게 되는 최대 원인은 스트레스다. 외롭거나 기분이 우울할 때는 평소에 손도 대지 않는 비싼 물건을 사곤 한다.

가게 점원은 손님이 기뻐할 만한 달콤한 미소로 말을 건넨다. 물론 속이려는 게 아니라 직업상 당연한 거지만, 마음이 허전하면 거기에 쉽게 설득된다. 그런 매장에는 기분이 적당히 좋은 날 가자. 마음에 여유가 있을 때 가야, 정말 필요하고 마음에 드는 것을 살 수 있다.

그렇다면 기분이 좋지 않을 때는 어떻게 해야 할까? 그런 날에는 꽃을 사거나 달콤한 간식을 맛보는 걸 추천한다. 큰 돈 들이지 않고도 마음을 부드럽게 달래주는 것들이다. 마음에 드는 꽃을 골라 꽃병에 꽂아두면 집 안에서 오가다 감상할 수 있다. 또 우울할 때 초콜릿이나 조각 케이트 같은 달콤한 간식을 맛보면 기분이 단번에 좋아진다. 당분이 몸에 들어가 인슐린 분비를 촉진하고, 세로토닌, 도파민, 엔도르핀 같은 호르몬 분비를 촉진하기 때문이다.

혹시나 술 같은 것을 수집하는 취미가 있다면, 값싼 술이 아니라 정말 갖고 싶었던 고급술을 사는 방법도 있다. 기분이 특히 울적한 날에는 큰 마음을 먹고 수집품을 하나 정도 늘리는 것이다.

지인 중에 부인과 사별하고 홀로 노후를 보내는 사람이 있다. 그는 얼마 전부터 미니카를 모으는 재미에 빠졌다. 처음에는 초등학생 손자가 좋아해서 하나씩 사주기 시작했는데, 어느새 자신도 수집하고 있더란다. 요즘엔 구하기 어려운 미니카를 구하려 멀리 다니기도 한다. 그런 미니카를 손에 넣은 날엔 하루 종일 들뜬다고 했다. 기분이 별로일 땐, 미니카 매장을 둘러보는 것만으로 미소를 되찾는다니, 정말 훌륭한 취미다.

쓸 때는
통 크게 쓰자

병원 일이 일찍 끝나는 날 들르는 단골 식당이 있다. 합리적인 가격에 별미를 먹을 수 있는 곳인데, 거기서 가끔 '나도 저렇게 나이 먹고 싶다'는 생각이 들게 만드는 노부부와 마주치곤 한다.

최근에 본 남편은 청바지에 깔끔한 가죽조끼, 목에는 밝은색 머플러를 가볍게 둘렀고, 부인은 긴 청치마에 전통의상을 재수선한 듯한 가벼운 재킷을 입고 있었다. 꾸민 듯 안 꾸민 듯한 옷차림이 자연스러웠다.

그들은 셰프와 담소를 나누면서 제철 재료로 만든 요리를 서너 가지 시켜 사이좋게 나눠 먹었다. 와인 한 병 정도를 마셔 살짝 취기가 올라온 정도에서 "그럼 또 봄세" 하며 미련 없이 자리를 떠난다. 세련되면서도 절제된 방식으로 음식을 즐기는 부부를 보고 있으면 나까지 기분이 좋아진다.

앞서 꼭 필요한 물건만 사고 기분이 좋지 않을 땐 쇼핑을 피하라고 했지만, 이처럼 가끔 기분 좋게 즐기는 곳에서는 다른 지출을 살짝 줄여서라도 돈을 쓰는 편이 좋다. 맛있는 음식은 몸도 마음도 건강하게 해준다. 제철 음식이나 햇과일을 먹거나 가끔은 근사한 정찬을 즐기자. 음식 맛에 집중할 시간을 충분히 갖는 것도 마음을 풍요롭게 만드는 데 도움이 된다.

세련된 옷차림이나 태도도 몸과 마음을 건강하게 해준다. 특히 외출복은 잘 갖춰 입어야 한다.

퇴직 후에는 집에 있는 일이 많고, 공식적인 자리에 나갈 일이 별로 없다. 편한 것이 제일이라며 후줄근한 차림으로 있을 때가 많다. 그러다 오랜만에 양복을 차려입으면, 어쩐지 어깨도 결리는 것 같고 넥타이도 답답하다.

그러나 노화는 그런 기분을 파고든다. 외국에서는 오페라를 감상하거나 오페라를 보러 갈 때 한껏 차려입고 나가는 풍습이 있다. 이렇게 잘 차려입으면 자연스레 어깨가 펴지고, 적당한 긴장감도 생긴다. 캐주얼한 평상복을 입었을 때는 별로 신경 쓰이지 않던 부분도 제대로 살펴보게 되어서, 심신에 활력을 불어넣을 수 있다.

심리학에서는 사람의 인상은 외모에서 50퍼센트, 목소리 등에서 40퍼센트, 그 밖의 것으로 10퍼센트, 이렇게 결정된다고 한다.

말끔한 차림은 다른 사람들에게 긍정적인 인상을 준다. 나이를 먹어도 잘 차려입고 외출해야 하는 이유다. 원만한 인간관계를 만들기 위해서도, 스스로 자신감을 갖기 위해서도 외모는 단정하게 가꾸는 편이 좋다.

심각한 중독은
절대 피할 것

 노후를 즐겁게 보내기 위해 적극적인 태도를 보이는 건 매우 바람직하다. 다만 그렇게 즐거움을 좇는 마음이 지나쳐서 '중독'이라는 엉뚱한 상태가 되는 경우도 있다.
 요즘 노인들 사이에 도박 중독이 심각한 사회 문제라고 한다. '손가락을 놀리면 뇌를 자극해 치매가 예방된다'는 말을 듣고, 노인정 같은 곳에서도 화투나 장기, 바둑 등을 두는 노인들이 많다.
 잠깐씩 즐기면 좋은데, 지나치게 빠져서 틈만 나면 이런 게임을 하는 사람도 있다. 그러다 정도가 심해지면 돈을 걸기 시작한다. 건강을 위해 시작했던 놀이가 불건전한 도박으로 전락하는 순간이다. 그 스케일도 처음엔 용돈벌이 수준이었다가, 작정하고 달려드는 사람이 늘어나 판돈이 커지는 경우도 있다. 이렇게 자기도 모르는 사이에 조금씩 깊이 빠져드는 게 도박의 무서운 점이다.

화투뿐 아니라 내기 바둑, 카지노, 경마나 경륜 등 도박의 위험한 덫은 우리 주변에 얼마든지 도사리고 있다. 일본의 경우 파친코가 대표적이다. 쇠구슬을 구멍에 넣어 점수를 따는 혼자서도 즐길 수 있는 간단한 게임이다. 일본생산성본부의 조사에 따르면 파친코를 즐기는 60세 이상 인구가 430만 명을 넘었다고 한다.

특히 퇴직 후에 시간이 남아돌거나 배우자와 사별하고 혼자 사는 사람 중에 파친코에 중독되는 경우가 많다. 일본에선 2달에 한 번, 홀수 달 연금 지급일에 평상시보다 많은 노인이 파친코 가게를 찾는다고 한다.

파친코가 인기가 많은 이유는 대부분의 사행성 게임이 그렇듯, 게임할 때의 스릴이 불안과 외로움을 잊게 한다는 것이다. 또 운 좋게 큰돈을 따기라도 하면, 그때의 흥분을 잊지 못해 '다시 한번, 마지막으로 한 번만 더!' 하고 점점 빠져든다. 그러다 어느 순간 정신 차리면 도박에 중독된 것이다.

다음은 자신이 도박 중독인지 점검할 수 있는 셀프 진단 항목이다.

☐ 할 수 있다면 매일 하고 싶다.
☐ 이제 그만해야 한다고 생각하지만 그만두지 못하겠다.
☐ 지갑이 빈털터리가 될 때까지 계속한다.
☐ 현금인출기에서 돈을 뽑아가면서까지 계속한다.
☐ 가족 몰래 한다.
☐ 일이나 집안일 등, 해야 할 일을 방치하고 한다.

이 중에서 두 개 이상 항목에 표시했다면 도박 중독일 확률이 높다. 도박 중독은 시간이 갈수록 점점 더 심해지는 경향이 있다. 그냥 방치하면 언젠가는 생활비에 구멍이 나거나, 큰 빚을 지어 생활이 파탄 날 것이다.

친한 지인이 "친구가 갑자기 10만 엔을 빌려달라고 울며 매달리는데 어떻게 하죠?"라며 의논해왔다. 도박에 빠진 나머지 엄청난 빚이 쌓였다고 한다.

어쩌다 그 지경이 됐는지 물어보니, 그 친구는 남편과 헤어지고 외아들을 혼자 힘으로 길러왔다고 한다. 그런데 그 아들이 스무 살이 채 안 되어 뇌출혈로 갑자기 사망한 것이다. 괴로운 심정은 충분히 이해하지만, 도박 중독에 빠지면 자신의 인생까지 망치게 된다.

아무리 친한 사람이라도 해도, 이런 상태일 때는 돈을 빌려주어서는 안 된다. 개인의 의지로 극복할 수 있다면 '중독'이라는 병명으로 부르지 않는다. 일단 치료를 권하고, 돈을 건네는 대신 때때로 연락해서 함께 산책하거나 맛있는 음식을 먹는 등, 괴로운 마음을 잊을 수 있도록 돌봐주는 것이 진정한 우정이 아닐까.

같은 곳에
이틀 연속 가지 말자

도박 중독 말고도 알코올 중독, 인터넷 만남 사이트 중독 등 중장년의 중독은 다양한 형태로 만연해 있다. 예를 들어 이런 식이다.

정년퇴직이 가까워지면 퇴직 후의 생활이 불안해서 자신도 모르게 술에 의존한다. 그러다 술이 떨어지면 더 불안해지고, 심한 경우엔 회사 책상 속에 휴대용 위스키를 넣어두기도 한다.

퇴직 후 집에만 있는데, 아내는 오늘은 친구와 점심, 내

일은 콘서트에 간다며 밖으로만 나다닌다. 무료함을 핑계로 남편은 인터넷 만남 사이트에 들어간다. 무엇에 홀렸는지 메시지를 보냈더니 답장이 왔다. 몇 번 메시지를 주고받다가 결국 밖에서 만나게 됐다. 그리고 아내 몰래 만남을 이어간다.

드문 일 같지만, 실제로 중장년 사이에서 비일비재하게 일어난다.

'지루할 때만 잠깐 하는 건데, 뭐', '깊이 빠질 생각은 없으니 괜찮아'라고 생각할 수 있겠지만, 중독에 빠진 사람 중 10명 중 9명이 처음에는 그렇게 생각했다.

중독을 예방하기 위한 단순한 방법이 있다. '같은 곳에 연속으로 가지 않는다, 같은 일을 연속으로 하지 않는다'를 철칙으로 삼는 것이다. 일주일에 두 번으로 횟수를 정하거나 게임을 할 때 판돈도 '한 번에 2천 원' 등으로 제한한다. 한 번이라도 어기면, 그달에는 더 이상 그곳에 가지 않거나 벌칙도 정해놓자. 이 규칙들은 엄격하게 지켜야 한다. 그러지 못하면 이미 중독에 접어들었을 확률이 높다.

일단 중독에 빠지면 혼자 힘으로는 벗어나기 어렵다. 누군가의 도움이 필요하다. 정신건강의학과에서 전문의 상담을 받는다든지, 중독 환자 모임에 참가하는 방법도 있다. 특히 알코올 중독은 전문 시설에 입소해서 강제로 알코올 없는 생활에 적응할 수 있도록 전문가의 지원을 받아야 한다.

매일 사람과
대화할 것

 매일 밤이면 누군가의 목소리가 듣고 싶어진다. 그래서 일단 아는 사람에게 전화를 걸면 한 시간이든 두 시간이든 상방이 끊을 때까지 계속 이야기한다. 이렇게 도를 넘은 '투머치토커Too Much Talker'는 견딜 수 없는 외로움을 마음속에 품고 있는 경우가 많다.

 스마트폰 문자 메시지, 메신저 애플리케이션을 통해서도 연락하는데, 굳이 또 전화를 건다. 하지만 매일 한없이 사람이 그리워져서, 자기도 모르게 전화기에 손이 간다. 이런 마음을 억누르고만 있진 말자. 하지만 전화에 의존하기보다는 설령 모르는 사람이라도 좋으니, 하루에 한 번 정도는 반드시 누군가와 만나서 대화를 나누도록 하자.

혼자 살다 보면 누구와 이야기하면 좋을지 모를 수 있다. 하지만 마음만 먹으면 말할 상대는 얼마든지 있다.

혼자서 노후를 보내는 지인은 가능하면 동네 상점에서 장을 본다. 채소나 생선 등을 사면서 잠깐씩이라도 대화를 나눌 수 있기 때문이다. "이 생선, 어떻게 요리해야 맛있어요?"라고 물으면 "매콤달콤하게 조리면 맛있어요"라는 식으로 대답해준다. 이런 대화를 나누면, 다음엔 그 가게 앞만 지나가도 주인이 말을 걸어줄 것이다.

요즘은 도시에서도 재래시장의 인기가 높아졌다고 한다. 재래시장은 아직도 정감이 넘친다. 가게 주인이 열심히 손님들에게 말을 걸고, 또 흥정하면서 활력 넘치는 대화를 이어갈 수 있다.

병원에 갔을 때도 대기 시간에 묵묵히 있지 말고, 자연스럽게 옆 사람에게 말을 걸어보자. "오늘은 사람이 많네요. 아직 오래 기다려야 할까요?" 이왕이면 나이가 비슷한 사람을 고른다. 이때 "네" 하고 건성으로 대답하면 그 이상 말 걸지 않는다. 그러나 "그러네요. 워낙 유능한 선생님인데, 환자가 너무 많은 것도 흠이 되네요"라고 웃으면서 답변을 들었다면 상대도 누군가와 대화를 나누고 싶은 것이다. 그때 잠깐이라도 대화를 나누자. 별거 아닌 세상 사는 이야기라도, 사람과 직접 마주하며 나누면 마음이 한결 밝아진다.

이런 날 헤어질 때 하면 좋은 말이 있다. "인연이 있으면 또 뵈어요."

'옷깃만 스쳐도 인연'이라는 말도 있는데, 하물며 바로 옆자리에서 대화를 나눈 사람과는 어지간히 깊은 인연이라고 생각한다.

"인연이 있으면 또 뵈어요"라는 인사는 그런 인연의 소중함을 상대에게 전달하는 말이다. 인연이 닿아서 다음에도 몇 번 마주치면, 진료를 마치고 돌아가는 길에 함께 차를 한잔하거나 식사할 수도 있지 않을까. 얼굴을 마주 보고 하는 대화에는 이처럼 사람과 사람 사이의 관계를 더욱 깊게 하는 힘이 있다.

매사 장점부터
생각하자

마침 비슷한 시기에 배우자와 헤어져 혼자가 된 지인이 두 사람 있다. 한 사람은 "매일 외로워요. 혼자 있으면 불안이 커져요"라며 입만 열면 한숨이다. 반면, 다른 한 사람은 "혼자라서 정말 마음 편하고 자유로워요. 어제는 저녁에 영화도 보고 왔어요"라며 밝게 웃는다.

두 사람 가운데 누구와 친구가 되고 싶은가? 아마 열 명 가운데 열 명 모두 후자라고 답할 것이다. 전자와 함께 있으면 내 기분까지 가라앉는데, 후자와 함께 있으면 나까지 건강하고 밝은 기분이 되기 때문이다.

무슨 일에도 명암이 있다. 아마 이 두 사람은 실제로는 비슷한 생활을 하고 있겠지만, 전자는 어두운 면을 먼저 보는 경향이 있고, 후자는 반대로 사물을 밝은 면부터 보는 경향이 있다. 이런 작은 차이가, 전혀 다른 삶으로 이어진다.
　마음가짐의 차이는 말의 차이를 만들고, 자신에게 미치는 영향도 다르다. 전자와 같은 사람은 종종 고독감을 견디지 못하고 마음의 병을 키우는 경우도 있다. 한편 후자는 같은 상황에 부닥치더라도 웬만해선 좌절하거나 무너지지 않는다.
　이러한 차이가 타고난 성격에서 오는 것으로 생각하는 사람도 있다. 물론 성격의 차이도 영향은 있겠지만, 상황이나 사물의 어두운 면부터 받아들일지, 밝은 면부터 받아들일지는 대개 '마음의 습관'에서 비롯된다.

　마음의 습관은 조금만 신경 쓰면 의외로 간단히 바꿀 수 있다. 우리 마음은 상상 이상으로 유연하기 때문이다. 만일 자신이 상황이나 사물의 어두운 면부터 받아들이는 경향이 있다면, 되도록 밝은 면만 보고 표현하도록 의식적으로 노력해보자.
　예를 들어, 아침에 일어났더니 감기 기운이 있는 것 같다.

그럴 때 '감기에 걸렸네. 할 일도 많은데 하필이면 지금…'이 아니라, '감기에 걸렸구나. 이 정도라서 다행이야. 더 심해지지 않도록 조심해야지'라고 생각하자.

    만사를 이런 식으로 긍정적으로 받아들이고 말로 표현하면, 사물의 밝은 면부터 받아들이는 습관이 자연스레 몸에 밸 것이다. 앞 장에서 말한 감사 일기를 매일 써보는 것도 좋다. 이렇게 매일 긍정적인 습관을 들이면, 자신도 모르는 사이에 밝고 긍정적인 사람이 되어 있을 것이다.

행복을 향한 발걸음에
늦은 때란 없다

얼마 전 정년퇴직을 한 C씨에게 문자를 받았다. 그녀는 내 병원에서 오랫동안 간호사로 일했다. 퇴직 후에 재택 간호사로 일하고 있다는 이야기를 들어서, 근황을 알리는 건가 싶었는데 웬 사진도 한 장 첨부되어 있었다.

웨딩드레스를 입고 미소 짓는 C씨 곁에 한 남성이 서 있었다. 사진 속에서는 희끗희끗한 머리도, 잔주름도 가려져 있었지만, 분명 비슷한 연배일 것이다. 사진 아래에는 '이번에 결혼했습니다'라는 문장이 이어졌다.

"결혼할 틈도 없었어요." 그녀는 이 입버릇처럼 말하며, 퇴직할 때까지 일만 하고 살아왔다. 그런데 일을 그만두는 동시에 독신 생활도 그만둔 셈이다. 나이 든 신혼부부가 환하게 웃는 모습을 보니 '잘됐네, 정말 잘됐어'라며 감개무량한 마음에 벅차올랐다.

'결혼 적령기'라는 말이 있다. 이 말은 원래 결혼해 아이를 낳고 기르기 위한 알맞은 때와 연관이 깊다. 그러나 결혼의 의의가 아이를 낳는 게 전부는 아니다. 지금 같은 100세 시대, 인생의 가을에 접어들어 단둘이 살고 싶다는 바람으로 결혼하는 것도 좋지 않은가.

혼자 사는 것도 물론 나쁘지 않다. 하지만 개인적으로는 역시 둘이 함께 살 때 조금 더 즐겁다고 생각한다. 식사할 때 특히 더 그런 생각이 든다. "맛있네"라고 말할 수 있는 상대와 함께하는 식사와 마음속으로만 생각하면서 묵묵히 먹는 식사는 맛에서도 차이가 있다.

어느 한 사람, 혹은 두 사람 모두에게 이혼 경력이 있거나 자식이 있을 때, 결혼을 둘러싸도 가족 간 마찰을 걱정하는 이들도 있을 것이다. 하지만 자식들도 이제 거의 다 자라지 않았는가? 우리는 부모로서만 인생을 사는 게 아니라, 나 자신으로 인생을 사는 것이다. 내가 즐겁고 행복하게 살 수 있다면, 굳이 자식들의 눈치를 볼 필요가 없다.

사실 자식들이 보기에도 나이 든 부모가 혼자 생활하면 여러모로 신경이 쓰인다. 외롭지는 않을지 장 볼 때 불편하진 않은지 아프지는 않을지 걱정된다. 그러나 둘이 함께 있다면, 그런 부담이 훨씬 줄어든다.

만일 유산 문제로 이러쿵저러쿵 말이 많다면, '부모의 자산은 부모의 것'이라고 확실히 못 박아두는 편이 좋다. 그래도 정 물려주고 싶다면, 결혼 전에 자식들에게 어느 정도 증여하거나 유언장을 미리 작성해두는 방법도 있다.

즐거운 시간을 공유하면서 살고 싶은 상대를 만난다면 '이 나이에 새삼스럽게…' 하고 주저하지 말자. 서로 손잡고 한 걸음 내디뎌보자.

행복을 향한 발걸음에 너무 늦은 때란 없다.

5장

당장 실천할 수 있는 건강 관리법

몸과 마음이 튼튼해지는 13가지 비법

몸과 마음이 건강한 사람에게
나쁜 날씨란 없다.
하늘이 맑든 흐리든
모두 그 나름의
아름다움을 가지고 있다.

― 조지 로버트 기싱

건강 관리의
기본은 체중 조절

 오랜만에 동창회에 나갔더니 "지난번보다 더 살쪘네!", "야, 제법 관록이 붙었는걸?" 하는 말이 여기저기서 들려온다. 여성은 남성처럼 직설적으로 말하진 않지만, 속으로는 비슷한 생각을 하지 않을까?
 중년이 되면 아무래도 대사량도 떨어지고 운동량도 줄어든다. 반면에 입은 점점 고급이 되어 맛있는 음식을 먹을 기회가 늘어난다. 사람들은 보통 단것, 지방분이 많은 것을 맛있다고 느낀다. 이런 음식은 대개 칼로리가 높으니, 정신을 놓고 먹다 보면 과다 섭취하기 쉽다. 젊을 때는 소화도 잘 되고 운동량이 많아, 웬만큼 많이 먹지 않는 한 살이 어느 정도 체중 관리가 된다. 하지만 중년 이후에는 같은 양을 먹어도 쉽게 몸무게가 불어난다.

체중이 늘면 외형적인 변화도 있지만, 심장질환이나 고혈압, 당뇨병 같은 성인병에 걸리기 쉬운 게 문제다. 중년 이후 몸무게가 5킬로그램 이상 늘면, 그러지 않은 사람에 비해 사망 위험률이 높아진다는 연구 결과도 있다.

반대로 체중이 급격히 주는 것도 문제다. 중년 이후 몸무게가 5킬로그램 이상 빠진 사람의 사망 위험률은 오히려 5킬로그램 이상 늘어난 사람보다 높다! 따라서 중년 이후에는 반드시 적정 체중을 유지하는 게 중요하다.

인생에는 여러 즐거움이 있지만, 그 모든 걸 만끽하기 위한 가장 기본적인 조건은 건강이다. 건강을 유지하기 위해 매일 체중을 재는 습관을 기르자. 급격한 체중 증감이 일어나지 않는지 자가 진단하는 것이다.

평소 몸무게를 잘 안 쟀던 사람도 하루에 한 번은 반드시 체중계에 올라 그 결과를 기록해두자. 체중은 하루 중에서도 변하므로, 매일 일정한 시간에 재는 게 좋다. 일반적으로 아침 체중이 가벼우니, 일어나자마자 재는 것이 좋다. 체중계는

디지털 방식이 편하다. 계기판에 숫자로 바로 표시되어, 확인도 쉽고 경각심을 기르기에도 좋다.

'재는 것만으로 다이어트'라는 말이 있지 않은가? 매일 몸무게를 재면 작은 증가나 감소에도 조절하려는 마음이 생겨, 식사를 조절하거나 운동을 하게 될 것이다.

만보기로 하루 운동량을 체크하자

중년 이후에는 걸음 수도 필수 체크 항목이다. 과체중의 원인은 대개 과식이 아니라, 운동 부족 탓이 크기 때문이다.

일반적으로 건강을 유지하려면 하루에 15분 이상 매일 운동하도록 권장하고 있다. 그런데 몸무게를 유지하려면 그 정도로는 부족하다는 사실이 밝혀졌다.

하버드 의대의 한 연구팀은 평균 50세의 건강한 여성 3만 명을 13년간 추적 조사했다. 그 결과, 조사 기간 내 정상 몸무게를 유지했던 여성은 평균적으로 하루에 60분 이상 '적절한 운동'을 했다는 사실이 밝혀졌다. 적절한 운동이란 심장박동 수를 빠르게 증가시켜 심폐지구력을 길러주는 운동을 말한다. 빠르게 걷는 경보나 사이클링, 수영 등이 대표적이다.

날씬하고 잘 다듬어진 몸을 유지하면 어디서든 자신감이 생긴다. 산책할 때뿐 아니라, 평소에도 만보기를 활용해 하루의 운동량을 대강이라도 파악하자. 요즘은 스마트폰이나 스마트시계로도 측정과 관리를 편하게 할 수 있다.

중년 이후에도 건강을 유지하기 위해서는 매일 적당히 몸을 움직이는 게 중요하다. 누구나 잘 알고 있는 사실이지만, 계속 실천하는 게 어렵다. 그런데 앞서 말한 체중계나 걸음 수를 체크하는 습관은 바로 숫자로 보여주기에 최소의 운동을 지속하는 데 도움을 준다.

몸무게 변화를 그래프로 그리거나 하루에 만 보 넘게 움직인 날은 달력에 표시하는 등 시각화를 해두면 식사량과 운동량을 더 잘 조절할 수 있다. 앞서 언급한 것처럼 스마트폰 앱이나 스마트시계도 이런 기능이 잘 갖춰져 있다.

체중 변화 그래프가 완만한 파도 형태를 그리고, 빨간 동그라미가 늘어가는 날을 보고 있으면, 왠지 자신감이 생기고 기분도 점점 밝아질 것이다.

우울증을 물리치는
최적의 운동

　보통 여성은 갱년기처럼 신체 호르몬이 변화하는 시기에 우울증에 잘 걸리고, 남성은 정년퇴직이 가까워지거나 퇴직 후의 환경 변화를 받아들이지 못해 우울증에 걸리곤 한다.
　우울증에 걸리면 마음이 속수무책으로 가라앉는다. 어떤 의욕도 사라져, 무슨 일에도 적극적으로 나서고 싶지 않다. 그런데 요즘은 이러한 정신적인 증상보다도 호흡곤란이나 위통, 두통 등 신체 증상에서 눈에 띄는 신형 우울증이 늘고 있다.
　신형 우울증은 좌절, 무기력감 등 정신적 증상은 비교적 가벼운데, 대신 쉽게 피로해지고 기억력이 현저히 떨어지는 게 특징이다. 그래서 간혹 치매를 의심하는 경우가 있는데, 정말로 치매에 걸리면 고민거리라고 인지하지도 못할 것이므로 안심하자.

이 신형 우울증에는 특히 운동이 효과적이다. 우울증은 뇌 속에 세로토닌이라는 물질이 부족해서 유발되는데, 세로토닌은 일정한 리듬 운동을 할 때 활성화된다. 그러므로 평소에 걸을 때도 '하나둘, 하나둘!' 하고 머릿속으로 리듬을 의식하면서 걷기를 추천한다.

우리 몸은 태양 빛을 받으면 세로토닌을 더 활발하게 분비한다. 그래서 햇볕을 쬐며 경쾌한 음악에 맞춰 가볍게 몸을 움직이는 체조도 우울증을 개선하는 데 매우 효과적이다.

아침에 공원이나 역 앞에서 라디오를 틀어놓고 체조하는 이들이 종종 있다. 만약 여러분 집 근처에 그런 사람들이 있다면, 주저하지 말고 참여해보자.

하루를 운동으로 시작하면, 온종일 밝고 행복한 기분으로 보낼 수 있을 것이다.

영양 균형을
맞추는 식습관

　성장기 자녀가 있는 집에서는 영양이 균형 잡힌 식단에 신경을 쓰지만, 자녀들이 독립하거나 나이 든 사람뿐인 집에서는 대개 요리하기에 간단하고 입맛에 맞는 것만 늘어놓기 쉽다.

　'이 나이에 좋아하는 음식만 먹으면 어때?'라는 마음도 이해되지만, 문득 돌아보면 일주일간 고기를 한 번도 먹지 않았다거나, 반대로 생선이 한 번도 식탁에 오르지 않은 날이 있을 것이다. 이러한 편식을 예방하려면, 식탁 위나 냉장고 문에 작은 메모지를 붙여놓자. 식사 때 먹은 음식을 메모해서 일주일에 한 번 쭉 훑어보고 식생활의 균형을 점검해보자.

혼자 생활해서 식단을 챙기기 어렵다면, 지자체에서 혼자 살거나 거동이 불편해 식사를 챙기기 힘든 노인들을 위해 일주일에 몇 번씩 도시락을 배달해주는 서비스를 신청해보자. 계획된 식단을 통해 영양을 보충하면서 주기적인 방문으로 건강이나 심리 상태를 진단해주는 서비스다.

요즘에는 민간 도시락 배달 업체도 많다. 지자체에 신청할 여건이 안 된다면, 이런 사설 업체를 이용하는 방법도 고려해보자.

일본의 유명 배우 나카다이 다츠야는 오래전에 부인과 사별하고 홀로 생활한다. 혼자 살면 아무래도 식사에 소홀하기 쉬우니 도시락 택배 서비스를 이용하고 있다고 고백했다. 나이를 생각해서, 아직 당뇨병에 걸리진 않았지만 당뇨병 환자용 식단을 먹고 있다고 했다.

지인 중에는 특이하게 영양 균형을 맞추는 사람이 있다. 바로 평소 잘 안 먹는 음식을 외식 메뉴로 선택하는 것이다. 그는 원래 생선을 싫어하고 붉은 고기를 좋아했는데, 이제는 건강을 생각해 가급적 생선을 많이 먹으려 노력하고 있다. 생선에는 피를 깨끗하게 만드는 불포화지방산이 많다. 그래서

밖에서 식사할 때마다 일부러 생선을 골라 먹는다고 했다. 집에서 해 먹는 조리법은 식상하기 마련인데, 외식으로는 독특한 생선 요리를 선택할 수 있다. 또한 함께 먹는 친구가 있으면 즐거운 수다가 반찬이 되어 더 맛있게 식사를 즐길 수 있단다.

혼자 사는 남성 F씨는 가끔 여러 생선 정식을 먹을 수 있는 단골 식당에 간다. 연근이나 우엉을 곁들여 조린 생선 요리는 직접 만들기에는 번거롭다. 하지만 단골 식당에서는 편하게 음식을 먹을 수 있고, 모든 메뉴에 칼로리도 표시되어 있어 자동으로 체중 조절까지 할 수 있게 됐다고 은근히 자랑했다.

'콩깨미채생버감'만
기억하자

균형 잡힌 식사를 하고 싶어도 방법을 모르는 사람들이 있다. 특히 남성들은 요리에 특별히 관심이 있는 게 아니면 어떻게 해야 할지 잘 모른다.

그러나 안심하라. 영양 균형을 점검하는 간단한 기준이 있다. 키워드 바로 '콩깨미채생버감!' 건강하고 싶다면 하루 동안 아래 식품을 최대한 잘 챙겨 먹도록 하자.

- 콩: 콩 종류로 된 식품. 두부, 청국장, 콩장, 비지, 낫토 등…
- 깨: 깨 등의 식물성 유지. 볶은 깨나 깨소금을 늘 부엌

에 두고, 국은 물론 샐러드, 국수 등 음식을 가리지 않고 한 숟가락씩 넣어 먹는 습관을 들인다.

- 미: 미역, 김, 다시마, 톳 등의 해조류. 입이 심심할 때 해조류로 만든 간식을 먹으면 칼로리 걱정도 없고 요오드 같은 영양소도 풍부하게 섭취할 수 있다. 요오드는 갑상선 호르몬 합성에 필요한 성분으로 성인에게 꼭 필요하다.
- 채: 채소. 요리되지 않은 생채소는 보기에는 양이 많아 보여도 조리하고 나면 막상 양이 얼마 안 된다. 조리거나 찌거나 볶을 때 채소의 분량을 넉넉하게 늘리자.
- 생: 생선. 특히 고등어, 정어리, 꽁치, 삼치와 같은 등 푸른 생선을 많이 먹자. 국을 끓일 때도 생선을 쓰면 맛이 좋다.
- 버: 송이버섯, 새송이버섯, 팽이버섯 등을 사놓고 국, 볶음, 전골 등에 꼭 넣어 먹자.
- 감: 감자류. 감자에 포함된 전분은 뇌의 영양분인 당분의 보충원이 된다. 섬유질도 많아 변비 예방에도 효과적이다.

체온을 높이는
방법

　사람들의 평균 체온이 점점 낮아져 최근 50년 동안 과거에 비해 약 0.5도가 떨어졌다는 이야기가 있다.
　체온이 내려가면 생명 활동을 유지하기 위해 체내에서 일하는 효소의 활동이 둔해지며, 자율신경의 움직임도 저조해져서 면역력이 떨어진다. 캘리포니아 의대의 다니엘 세스는 평균 체온이 1도 떨어지면 면역력은 약 37% 떨어지고, 반대로 1도 올라가면 면역력이 약 60%나 활성화한다고 밝혔다.
　체질이 냉한 여성은 권태와 불면증, 통증이 동반되는 부정수소에 시달리기 쉽다. 냉증은 정신 건강과도 밀접한 관계가 있어서, 몸을 따뜻하게 하는 습관을 들이면 우울증이 개선

됐다는 보고도 있다.

이처럼 체온 저하는 심신 건강에 부정적인 영향을 주는데 나이를 먹을수록 체온은 점점 낮아진다. 체내에서 영양에서 흡수한 화학 에너지를 열에너지로 변환하는 기능과 체온 조절 기능이 저하되기 때문이다. 중년 이후에는 의식적으로 몸을 따뜻하게 하는 습관을 들여 체온 저하를 막아야 한다.

남성보다는 여성이 냉증을 호소하는 경우가 많지만, 그렇다고 여성만 몸이 냉해지는 건 아니다. 요즘에는 몸이 냉한 남성도 많다. 남성의 냉증은 얼굴이 화끈거리거나 땀을 흘리는 등, 얼핏 보기에는 몸이 냉한 것과는 정반대로 보이는 것이 특징이다. 하지만 얼굴 화끈거림이나 발한은 체온 조절이 원활하지 않고 몸 깊숙한 곳이 오히려 냉하다는 증거다.

냉기를 없애려면 뭐니 뭐니 해도 욕조에서 천천히 몸을 데우는 방법을 추천한다. 요즘에는 간편하게 샤워만 주로 하는 사람이 많다. 청결도만 따지면 상관없겠지만, 샤워만으로는 목욕의 장점을 달성할 수 없다.

몸속 냉기를 없애는 목욕법의 기본은 '미지근하게 오랫동안'이다. 체온보다 약간 높은 40도 정도의 온수를 채워, 30분에서 1시간 정도 몸 깊숙한 곳까지 데우자. 더운 여름에는 반신욕도 좋다. 잘 알려져 있듯 반신욕은 명치까지만 목욕물에 담그고 그 위쪽은 물 밖으로 내놓는 것이다.

요즘엔 매장이나 인터넷에서 다양한 성분과 향의 입욕제를 쉽게 구할 수 있다. 그런 제품을 사서 매일 자기 집 목욕탕에서 '오늘은 어떤 욕탕에 몸을 담글까?' 생각하며 목욕하면 얼마나 즐겁겠는가? 콧노래를 흥얼거리며 목욕을 즐기면 유명 온천이 부럽지 않을 것이다.

단옷날에는 창포, 겨울철에는 유자. 이처럼 계절에 따라 각기 다른 탕을 즐겨도 좋고, 저녁에 문 닫기 직전의 꽃집에서 싸게 산 장미꽃을 뿌린 탕 안에서 호화로운 기분에 빠져보는 건 어떨까?

작은 아이디어로 목욕을 즐거운 휴식 시간으로 만들 수 있다. 이러면 오랫동안 탕 안에 머무르고 싶어져 건강 관리도 할 수 있고, 기분 전환도 할 수 있다.

피로를
쌓아두지 않는다

 학생 때부터 등산을 좋아해서 50대 이후에도 시간이 날 때마다 산에 가는 친구가 있다. 사람들과 어울려 갈 때도 있지만, 대부분 혼자서 등산을 간다. 눈이 오나 비가 오나 입산을 하는 친구에게 "이제 등산을 좀 줄이는 게 좋지 않아? 무리가 될 텐데"라며 참견한 적이 있었다.

 그러나 그는 자신 있게 답했다. "아직 괜찮아. 나는 절대로 무리 안 하니까. 혼자 등산하면 내 페이스로 올라갈 수 있어서 좋아. 피곤하면 그때그때 쉬면 되고."

 그 말을 듣고 '이 친구 걱정 안 해도 되겠네'라고 안심했다. 쉴 타이밍을 알고 있다는 건 피로를 통제할 수 있다는 뜻이다. 이러면 피로는 과도하게 쌓이지 않는다.

누구든 나이를 먹으면 체력, 집중력, 지속력이 떨어진다. 이런 전체적인 능력 저하에 어떻게 대처해야 할까? 그것이 바로 나이를 잘 먹는 방법이다.

방법은 간단하다. 피곤하면 제때 잘 쉬어서 피로를 바로바로 풀어주는 것이다. 절대 젊을 때처럼 무리해서는 안 된다. 나이가 들면 점점 쉽게 피로해진다. 나로 말할 것 같으면, 예전에는 1~2시간쯤은 쉬지 않고 거뜬하게 걸었다. 그러나 지금은 다르다. 1시간을 쉬지 않고 걷기가 힘들다. 그래서 무리하지 않고 50분쯤 걸을 때마다 잠깐 쉰다. 이것만 명심하면 언제까지나 좋아하는 일을 충분히 즐길 수 있다.

두꺼운 책을 읽거나 집중해서 일할 때도 마찬가지다. 재미있는 책을 읽으면 자꾸만 더 읽고 싶어진다. 그러나 노안으로 눈이 피곤해지는 걸 막을 순 없다. 눈뿐 아니라 아마 뇌도 피로를 느낀다. 이러한 징후를 느낀다면 그 단계에서 일단 책을 접고 맛있는 홍차라도 마시며 휴식을 취하자.

성인의 뇌 집중력 한계는 약 90분이라고 한다. 대학 강의 시간이 90분 정도인 이유도 이를 기준으로 한 것이다. 반면

초등학교 수업 시간은 50분 정도다. 아이들은 뇌가 아직 발달하고 있는 과정에 있기 때문이다.

노후에는 이와 반대 현상이 일어난다. 물론 곧바로 초등학생 수준으로 떨어지는 건 아니지만, 확실히 뇌의 능력이 저하되기 시작한다는 걸 자각해야 한다.

성실하게만 살아온 이들은 쉬는 게 게으름 피우는 것처럼 느끼는 경우가 많다. 심지어 피로를 인정하는 것이 자기 자신에게 지는 걸로 여기는 사람도 있다. 하지만 휴식은 결코 게으름 피우는 것이 아니라, 계속 나아가기 위해 자세를 정비하고 에너지를 회복하는 일이다.

책을 읽거나 뭔가에 집중하는 등 뇌가 금방 피로해지는 일을 할 때는 틈틈이 초콜릿 같은 단 것을 챙기자. 단것에 든 포도당은 뇌의 움직임을 돕는 유일한 에너지원이다. 예로부터 휴식 시간에 차를 마시며 달콤한 간식을 곁들인 것은, 다 과학적 근거가 있는 관습인 셈이다. 옛날 사람들의 지혜에 감탄하지 않을 수 없다.

게다가 단것을 먹으면 행복해진다. 행복감을 느끼면 뇌에는 아난다마이드가 분비되어, 활력이 생기고 피로도 풀린다.

공짜로 얻을 수 있는
최고의 보약

"아침마다 일찍 눈이 떠져요"라는 사람이 있는가 하면 "밤에 좀처럼 잠이 안와요"라는 사람도 있다. 이런 말을 할 때 으레 "나이를 먹으니…"라고 서두를 꺼내는 사람이 많은데, 실제로 나이와 함께 수면의 패턴과 질은 변한다.

우리 몸에는 생리 활동을 주기적으로 반복할 수 있도록 돕는 몸속 기제가 있다. 이를 '체내시계'라고 한다. 체내시계는 나이 변화에 영향받는다. 나이가 들면 아침잠이 없어지는 이유는 체내시계가 조정되면서 수면을 유지하는 생체 리듬이 빨라지기 때문이다. 이는 노화의 자연스러운 현상이므로 너무 걱정하지 않아도 된다.

밤에 잠이 잘 안 오는 이유는 보통 노후에는 시간이 여유롭고, 업무나 집안일에 치이는 것도 줄어들어 심신이 그다지 피곤하지 않아서다. 별로 피곤하지도 않은데 "이제 자야지" 하고 잠자리에 들려고 하니, 잠을 설치거나 안 오는 게 당연한 것 아닐까?

나이 들어 나타나는 수면의 변화에는 잠이 얕아진다는 것도 있다. 수면 중의 뇌파를 조사해보니 나이를 먹을수록 깊은 잠인 논렘수면이 줄고, 얕은 수면인 렘수면이 는다. 그렇기에 작은 소리나 요의에도 잠이 깬다. 그럴 때마다 다시 잠들기 어려워 밤새 괴로운 시간을 보내곤 한다.

수면 시간 자체도 줄어든다. 일본 국립정신신경의료연구센터의 조사에 따르면 50대 전후가 되면 젊었을 때보다 30분 정도, 70대가 되면 젊었을 때보다 1시간 이상 수면 시간이 준다고 한다. 그런데도 침대에 누워 있는 시간은 그다지 줄지 않는다. 그만큼 잠을 못 잔다는 느낌을 받기 쉽다.

체내시계가 변하고 혈압, 체온, 호르몬 분비 등 수면과 연관된 기능도 달라지기에 젊을 때와 같은 수면의 질을 바라는 건 무리다. 만약 수면에 대해 고민이 있다면 나이에 맞는 수면 습관을 연구해보자.

　예를 들어, 매일 정해진 시간에 일하러 나가는 사람은 쉽지 않겠지만, 퇴직한 사람은 잠이 오면 자고 안 오면 억지로 자려는 마음을 버린다. 자다가 한밤중에 눈이 떠져서 다시 잠들기 어려운 날엔 책을 읽거나 음악을 들으면 어떨까? 반대로 아침 일찍 눈이 떠지면 이른 아침의 동네를 한 바퀴 돌아보는 것도 좋다.

　내 몸의 본능에 따라서 유연하게 시간을 사용한다. 이는 노후이기에 가능한 특권이다.

　늘 피곤하다고 느끼는 사람에게는 약간의 낮잠을 추천한다. 우리가 졸린다고 느끼는 것은 뇌 속에 수면 물질이 쌓여 있기 때문이다. 20~30분씩 낮잠을 자면, 이 수면 물질이 금세 줄어들어 잠이 부족하다는 느낌이 말끔하게 해소된다.

　시인 마사오카 시키는 '세상의 무거운 짐 내려놓고 낮잠이나 자볼까'라는 시를 썼지만, 모두가 일하고 있을 시간에 낮잠을 즐길 수 있다니 이보다 더한 호사가 어디 있을까?

가장 손쉽게
뇌를 단련하는 법

한때 뇌 트레이닝이 크게 유행한 적 있다. 관련 기기를 사려면 오래 기다려야 할 정도로 인기였다.

그런데 당시만 해도 그런 게 무슨 의미가 있냐며 콧방귀도 안 뀌던 친구가 어느 날인가부터 뇌 트레이닝에 집착하기 시작했다. "잘 쓰지 않는 손을 쓰면 평소에 사용하는 뇌가 아닌, 다른 쪽 뇌를 단련할 수 있지"라며 사뭇 진지하다.

인간의 뇌가 좌뇌와 우뇌로 나뉘어 있다는 사실은 널리 알려져 있다. 좌뇌는 언어나 논리적인 사고 등을 관장하고, 우뇌는 직감이나 음감, 공간감 등을 관장한다. 또한 우뇌는 좌반신, 좌뇌는 우반신을 통제한다.

그 친구는 우연히 한 다큐멘터리 프로그램을 보고, 자신이 평소 쓰지 않는 쪽의 능력을 일깨워야겠다는 생각이 들었다고 했다. 그가 본 것은 미국의 뇌과학자 질 볼트 테일러 박사에 대한 다큐멘터리였다. 그녀는 37세에 뇌졸중으로 쓰러져 좌뇌의 기능이 손상되었다. 뇌의 신경 기능은 원칙적으로 재생되지 않는다. 그러나 테일러 박사는 꾸준한 재활 치료를 통해 남겨진 신경세포를 최대한 쓸 수 있게 되었고, 그 결과 사고 전의 상태로 거의 회복되었다.

더 놀라운 것은 테일러 박사는 사고 전에는 그림을 잘 그리지 못했는데, 치료 후에는 예술적인 능력이 놀랍도록 향상됐다는 것이다. 다큐에서는 테일러 박사가 사고 전에 그린 그림과 재활 이후 그린 그림을 비교해 보여주었다. 사고 전의 그림은 유치하고 별 볼 일 없었지만, 재활 이후의 그림은 화가가 그린 것처럼 정교하고 깊이가 있었다.

이와 같은 현상에 대해 테일러 박사는 손상된 좌뇌의 움직임을 보충하여 우뇌가 활성화한 덕분에 우뇌가 지닌 예술적인 능력도 발달한 것 같다고 분석했다.

이 감동적인 방송을 본 친구는 뇌는 트레이닝을 할수록

발달한다는 사실을 굳게 믿게 되었다. 그는 평소 좌뇌를 더 많이 사용하므로 술을 마실 때만이라도 왼손으로 잔을 드는 등 평소 잘 쓰지 않던 손을 써서 좌뇌와 우뇌를 균형 있게 사용하려 했다. 마치 게임이라도 하듯 즐기고 있다.

그런 친구에게 "이왕이면 젓가락도 왼손으로 들지 그래?"라고 말했더니, "그렇게까지 하면 너무 스트레스받잖아"라며 거절한다. 스트레스를 주면서까지 하는 일은 안 하느니만 못하단다.

이왕 뇌 트레이닝을 할 거라면 내 친구처럼 노는 듯 즐기면서 하자. 무언가 즐기고 있을 때, 우리의 뇌는 가장 활기 있게 움직이니까.

불행을 물리치는
기술

앞선 테일러 박사의 이야기는 훗날 《긍정의 뇌》라는 책으로도 출판됐다. 살다 보면 그녀의 경우처럼 뜻하지 않은 불행을 만날 때가 있다. 노후에는 그럴 가능성이 더 커진다는 사실을 인정해야 한다.

불행이 불시에 덮치면, 우리는 어떻게 그것을 극복할 것인가? 냉정하게 말해서, 이미 일어난 일을 없던 걸로 할 수는 없다. 문제는 이미 일어난 불행보다 더 큰 불행을 우리 스스로 만든다는 것이다.

붓다는 이 문제에 대해 '두 개의 화살' 이야기를 했다. 첫 번째 화살은 질병, 죽음, 상실 등 세상을 살며 누구나 겪는 고

통이고, 두 번째 화살은 그 고통에 대한 집착, 슬픔, 분노, 후회 같은 감정이다. 전자는 누구도 완벽히 제어하거나 피할 수 없다. 심지어 붓다마저도. 다만 후자로 인한 고통은 피할 수 있으며, 그것만 해도 많은 고통에서 벗어날 수 있다고 했다.

불행을 겪고도 행복으로 나아가는 사람과, 그 불행에 잠식된 사람. 어쩌면 예상치 못한 상황에서 운명에 대처하는 방식이 그 사람의 진정한 가치를 보여준다고 할 수 있다. 테일러 박사의 기적 같은 회복이 재활 치료의 효험을 보여주는 동시에, 인간은 어떤 상황에서든 다시 일어설 수 있다는 희망을 보여주는 것처럼.

당뇨병 합병증으로 하루걸러 투석받는 지인이 있다. 의료기술의 발달로 전에 비하면 훨씬 편해졌지만, 어쨌거나 투석받으려면 거의 반나절 침대에 누워 있어야 한다. 그때는 수분 섭취량도 제한된다. 하루 소변량에 500밀리리터를 합한 정도. 그런데 이는 식수뿐 아니라 음식에 포함된 수분도 합친 양이므로 마음껏 물을 마실 수 없다.

하지만 그도 그의 배우자도 결코 그런 운명에 불평하지 않는다. "요즘은 투석하는 사람도 해외여행을 갈 수 있어"라며 오히려 밝은 표정이다. 귀찮게 투석까지 하면서 살아 있으니 그만큼 남들보다 두 배는 즐겨야 공평하지 않냐는 것이 그의 인생론이다.

실제로 이 부부는 국내 여행은 물론, 해외여행도 간다. 다만 투석은 어딜 가도 꼭 해야 하므로, 여행지에서도 투석 병원을 반드시 예약해둔다. 남들보다 시간과 노력이 더 들지만, 남부럽지 않은 여행을 즐길 수 있다.

미국 작가 캘빈 톰킨스의 《잘사는 것이 최고의 복수다 Living well is the best revenge》는 아들이 의사로부터 시한부 인생을 선고받은 후의 기록이다. 얼마 남지 않은 생이지만, 불행한 것이 아니라 하루하루 최대한 즐겁게 지내려는 희망찬 모습이 담겨 있다.

<u>아무리 괴로운 운명이 엄습했어도 그 안에서 최대한 행복하게 살아갈 수 있다면, 그것이 가혹한 운명에 대한 최고의 복수다.</u> 정말 멋진 태도가 아닌가.

예기치 않은 질병이 찾아와도, 생각지도 못한 일이 일어나도, 우리는 절망에만 빠질 수 없다. 가능한 한 즐거운 일, 유쾌한 일을 찾아보자.

담배를 끊기 힘들면
차라리 음미하라

금연을 굳게 결심했어도, 직장에서 보기 싫은 상사에게 고개를 숙여야 하거나 클라이언트에게 불평을 들으면 나도 모르게 담배에 손이 간다. 한 모금만 빨아버려도 그때까지의 금연 노력은 물거품. 아차 싶은 마음에 다시 한번 금연 의지를 불사르지만, 그러다가 또 실패. 마치 처음인 것처럼 또다시 금연을 결심한다…. 이런 과정을 다람쥐 쳇바퀴 돌 듯이 하는 사람이 많다.

그러나 모든 것은 생각하기 나름이다. 금연, 금연하면서 스트레스만 커진다면 차라리 '이제 와서 금연은 무슨!' 하고 체념하는 것도 하나의 방법이다. 사실 여태껏 담배를 피워왔다면 새삼 지금 그만두기엔 늦은 감이 없지 않다.

　끊지 못할 바엔 차라리 담배를 맛있게 즐기자. 이왕이면 마음 깊숙이 '맛있다'고 음미하면서 피우라. '끊어야 하는데…' 하고 죄책감을 느끼면서 피우는 것과 '맛있네'라고 즐기면서 피우는 것은 정신에 미치는 영향도 다르다. 담배를 피우는 것보다 금연에 대한 스트레스가 훨씬 클 수 있다.

　그렇다고 마구잡이로 피우라는 말은 아니다. 어떤 목표를 달성했을 때라든지, 저녁을 다 먹고 나서라든지, 이렇게 상황을 한정해두자. 아니면 담배를 처음부터 반으로 잘라 놓는다. 이렇게 하면 담배를 손에 쥐는 횟수는 전과 같아도 실제 흡연량은 크게 줄일 수 있다.

　금연 스트레스로 힘든 사람은 우선 행복한 '감연'으로 눈높이를 조금 낮춰보자. 그리고 그 한 모금을 가슴 깊이 즐기면서 피운다.

　다만 주변에 폐가 되지 않도록 베란다나 마당에서 피운다. 이러한 사소한 배려로 비난의 시선에서도 약간은 벗어날 수 있다.

등을 곧게
펴고 다니자

　전철에서 누군가 자리를 양보했다고 '노인 취급당했어!' 라며 한탄하는 사람이 있다. 아직 자신이 젊다고 생각하기 때문이다. 그러나 아무리 애써도, 사람들은 우리 나이를 대체로 잘 간파한다. 그 주된 포인트가 바로 자세다. 나이가 들수록 어깨가 처지고, 등 근육이 쇠퇴해 등도 굽는다. 노화에 따른 어쩔 수 없는 현상이지만, 조금만 신경을 써도 훨씬 나아질 수 있다.

　길을 걷다가도 유리창에 모습이 비치면, 바로 자세를 점검하자. 자기도 놀랄 정도로 등이 굽어서 실제 이상으로 늙어 보일 수도 있다. 자세가 나쁘면 실제로도 건강상 좋지 않다.

구부정한 자세는 폐를 압박해 호흡이 얕아지고, 산소를 충분히 받아들이지 못하게 만든다. 이런 상태가 지속되면 산소 부족으로 뇌의 움직임도 저하된다.

평소 자세가 좋지 않다면, 의식적으로 등을 활짝 펴자. 좀 더 쉬운 요령은 가슴을 편다고 생각하고 어깨를 뒤로 젖히는 것이다. 하루에도 몇 번씩 생각날 때마다 한다. 이렇게 반복하는 동안 점차 자세가 개선될 것이다.

자세는 혼자서는 좀처럼 체크하기 어렵다. 배우자나 친구 등 만나는 사람들에게 "서로 자세가 나쁘면 말해주자"고 제안하면 어떨까? "아, 또 등이 굽었네", "안 돼! 안 돼!" 하는 식으로 늘 상대의 자세에 신경을 쓰면 서로 젊고 건강하게 지낼 수 있을 것이다.

좋은 자세를 만드는 가장 기본적인 방법이 있다. 등을 펴고 시선을 위로 약간 올려다보는 것이다. 사람은 시선을 30도만 올려도 생각이 긍정적으로 변한다고 한다. 반대로 아래를 보고 있으면 사고방식까지 부정적으로 된다. 즉, 괜히 울적할 때는 등을 펴고 시선을 조금 위로 향하는 것만으로도 기분이 한결 나아진다.

기분이 우울할 때
효과적인 복식 호흡법

"호흡할 때 배로 숨을 마시거나 내뱉으면 좋아요"

진료실을 방문하는 사람들에게 이렇게 권한다. 개중에는 "호흡은 가슴으로 하는 거 아니에요?"라고 미심쩍어하는 사람도 있다. 호흡을 담당하는 폐가 가슴 쪽에 있어서 그렇게 생각하려나?

폐는 공기에서 산소를 빨아들이고, 노폐물인 이산화탄소를 공기 중에 배출하는 역할을 한다. 호흡할 때 폐가 부풀어 오르거나 줄어들거나 하는 데 필요한 근육은 폐 자체에는 없다. 대신 배와 가슴 사이를 분리하는 근육인 횡격막이나 갈비뼈 사이에 있는 늑간근을 사용한다. 숨을 들이쉴 때는 횡격막과 늑간근이 움직이면서 횡격막은 아래로 내려가고 갈비뼈는 위로 올라간다. 실제로 갈비뼈에 손을 얹고 숨을 크게 들이마셔 보라. 갈비뼈가 쑥 올라오는 게 느껴질 것이다. 이때 흉강, 즉 가슴 안이 커지면 폐 안의 압력이 바깥보다 낮아진다. 공기는 압력이 높은 곳에서 낮은 곳으로 이동하므로 몸 밖에 있던 공기가 폐 안으로 들어가게 된다.

숨을 내쉴 때도 횡격막과 늑간근이 움직이는데, 들이쉴 때와는 반대로 횡격막은 올라가고 갈비뼈는 아래로 내려가서 흉강이 줄어들고 폐 안의 압력은 높아져 공기가 밖으로 빠져나간다. 이러한 과정이 가슴 호흡의 원리다.

배로 숨을 들이마시는 복식 호흡은 가슴 호흡보다 더 깊은 호흡이다. 복식 호흡은 가슴 호흡에 비해 산소를 3배 이상 들이마실 수 있다고 한다. 또한 신경 안정, 뇌의 활성화 등 심신 상태를 조절하기 쉽다는 장점도 있다. 그래서 요가할 때 기본이 되는 호흡법이 바로 복식 호흡이다.

아래의 복식 호흡법을 익힌 후 매일 조금씩 습관을 붙여 보자. 긴장이 풀리고 편안해질 것이다.

복식 호흡법

① 천장을 보고 눕거나 좌선하듯이 편안한 반가부좌 자세로 앉는다. 처음에는 배에 가볍게 손을 얹고 호흡할 때마다 배가 나오고 들어가는지 확인한 후 시작한다.

② 먼저 크게 숨을 내뱉는다. 시간을 들여 천천히, 배의 깊숙한 곳에서부터 공기를 밀어내듯이 내뱉는다. 이때 배는 점점 쑥 들어간다.

③ 숨을 다 내뱉으면 숨을 들이마시는데, 처음에는 의식해서 천천히 들이마신다. 이때 배가 부풀어 오르는 듯한 느낌이 들 것이다.

④ ②의 과정부터 반복한다. 매일 10~20분씩 꾸준히 하면 좋다.

왠지 모르게 안절부절못하거나 마음이 울적할 때 복식 호흡을 하면 편안해진다. 이때 호흡하면서 나쁜 에너지를 내뱉고 좋은 에너지를 들이마셔 전신에 퍼지게 한다고 생각하면 한층 더 효과적이다.

또한 일어설 때 어지러운 현상이 자주 있다면, 복식 호흡을 통해 그 증상을 완화할 수 있다. 물론 나중에 반드시 전문의를 찾아가 자세한 원인을 밝혀야 한다.

6장

바로 지금부터
행복할 것

인생을 100퍼센트 즐기는 삶의 태도

노화란 절망의 이유가 아니라
희망의 근거다.
천천히 쇠락하는 것이 아니라
점진적으로 성숙하는 것이며,
견뎌야 할 운명이 아니라
기꺼이 받아들일 만한 기회다.

― 헨리 나우웬

엔딩 노트를
써보자

학창 시절 친구에게서 몇십 년 만에 전화가 왔다.

"회고록을 쓰고 있어. 나이 들면 꼭 해보고 싶었거든. 그런데 옛날을 돌이켜보니 문득 자네가 보고 싶지 뭔가. 학창 시절 때는 정말 많은 이야기를 나눴는데 말이야."

친구와는 언제부터인가 연하장만 주고받는 게 고작인 사이가 되었지만, 간만의 연락을 기회로 술자리를 갖기로 했다.

전화를 끊고 생각하니, 나도 친구처럼 그때까지의 인생을 돌아보는 시간이 필요한 것 같았다. 50세 생일, 환갑, 퇴직 등 인생의 전환기에 접어들 때, 일종의 '인생 재고 조사'를 하는 것이다. 잊고 있던 꿈이나 일상에 쫓겨 오랫동안 못 만났던 친구 등이 떠오르면서, 앞으로 어떻게 살아야 할지 자신의 진짜 마음을 돌아볼 수 있을 것이다.

회고록이라고 하면 너무 거창하다고 생각할 수 있다. 그런 이들에게 권하는 것이 '엔딩 노트'다. 마미 스나다 감독의 2012년 다큐멘터리 영화 〈엔딩 노트〉에서 말기 암 판정을 받은 아버지가 '엔딩 노트'를 정리하면서 죽음을 준비하는 모습을 통해 잘 알려졌다.

지인 중에도 엔딩 노트를 쓴 사람이 있다. 그는 50세를 맞아 자기 인생을 돌아보고 싶었다고 했다. "엔딩 노트를 쓰는 동안 여러 사람의 얼굴이 떠올랐어요. 지금까지 얼마나 많은 사람의 도움을 받으며 살았는지 놀랐죠. 늘 인생에 불만이 많았는데, 지금은 내가 정말 행복한 사람이라고 생각해요."

엔딩노트가 곧 유서라고 받아들이는 사람도 있고, 미리부터 죽음을 준비하다니 어쩐지 으스스하다며 내키지 않은 시선으로 보는 사람도 있다. 그러나 한 치 앞도 알 수 없는 게 우리 인생이다. 특히 중년 이후가 되면, 혹시 일어날지 모르는 일을 미리 떠올려보고 그때 어떻게 대처할지 대비해야 하지 않을까?

유서가 아니라 엔딩 노트를 추천하는 이유가 있다. 유서는 아무래도 재산의 처분 같은 사무적 내용이 주를 이루지만, 엔딩 노트는 살아온 인생과 살아갈 인생을 돌아보게 만들기 때문이다. 앞서 4장에서 인생의 전환기에는 대청소를 하라고 추천했는데, 이 엔딩 노트야말로 인생의 전환기에 하는 마음의 대청소라고 할까.

요즘에는 서점이나 문구점에서 '엔딩 노트'라는 이름의 다이어리를 쉽게 구할 수 있다. 아니면 시중에 파는 노트를 사서 원하는 대로 꾸며도 괜찮다.

엔딩 노트는 일기장과는 다르다. 혼자 쓰고 읽는 게 아니라 타인이 볼 것을 전제로 작성하는 것이 좋다. 만일의 사고가 닥쳤을 때, 다른 사람들이 나를 어떻게 처리할지 그때 무엇을 바라는지 등의 내용을 적는다. 그러므로 맨앞에 목차를 작성해 누구든 한눈에 이해하기 쉽게 작성하면 좋다.

평소에도 '나에게 무슨 일이 일어나면 이걸 읽어달라'고 가까운 이들에게 말해두고, 거실 서랍 등 찾기 쉬운 곳에 보관하자. 은행의 대여금고 같은 곳에 맡겨선 안 된다. 본인이 아니면 열기 어려운 곳에 보관하면, 만일의 일이 터졌을 때 아무도 볼 수 없기 때문이다.

일반적으로 엔딩노트는 ①자신의 간단한 역사, ②재산 목록, ③만일의 경우 어떻게 해주면 좋겠는지 희망 사항, ④장례에 대한 희망 사항 등으로 구성되어 있다. 다음은 각 항목에 관한 좀 더 상세한 설명이다.

① 인생을 돌아보면서 기억에 남는 행복한 일이나 후회되는 일을 적어본다. 또한 이 부분에 훗날 엔딩노트를 읽어주기를 바라는 사람들과 그들의 연락처를 적어둔다. 예를 들어 배우자나 가족, 친척, 친구들이 있을 것이다. 이들에 대한 감사의 마음을 짤막하게 표현하는 것도 좋다.

② 소유 재산 목록에는 저금이나 부동산, 지금껏 취미로 모아온 물건 등의 처분을 적어둔다. 취미로 무언가를 수집해온 사람은 그 물건을 그냥 버리기보다는 같은 취미를 즐기는 지인에게 기증하는 편이 보람될 것이다. 시설이나 단체에 기부하고 싶을 때는 미리 기부처를 정하고 연락처도 남겨두자.

③ 만일의 경우 희망 사항은 불의의 사고나 병으로 자신의 의사 표시를 할 수 없는 상태가 됐을 때를 위한 것이다. 연명 치료를 희망하는지, 심각한 치매에 걸린 뒤 어떤 형식의 간병을 원하는지 등 바라는 점을 명확히 적는다.

④ 임종이나 장례에 대한 요구 사항과 희망 사항을 남긴다. 자신이 바라는 대로 인생을 마무리할 수 있다. 장례식 때 영정사진으로 쓰고 싶은 것을 골라두거나 장례식에 와줬으면 하는 사람의 명단을 준비한다. 원하는 장례 방법이 있다면 적어두자.

엔딩노트를 쓰면 자기 자신과 살아온 인생에 대해 깊이 생각하게 된다. 이 시간을 통해 있는 그대로의 자신을 인정하고, 나아가 더 아끼고 사랑하려는 마음을 가져보면 어떨까. 이런 마음이야말로 가장 온화하고 기분 좋게 나이를 먹는 비결일 테니까.

모든 일에
완벽할 수는 없다

우리는 자기 자신에게 지나치게 엄격하다. 남이 하면 대수롭지 않게 넘길 실수도 자신이 하면 자책한다. 심하면 '왜 나만 이럴까'라며 존재 자체를 비난할 때도 있다. 그러나 세상에 결점 없는 사람은 없다. 자신에게 완전히 만족하는 사람도 없다. 그러니 아무리 못나고 모자라게 느껴져도, 자기만은 스스로 아끼고 북돋워야 하지 않을까?

모든 일에 완벽할 필요 없다. 식사할 때 위의 80퍼센트만 채우는 게 좋다는 말도 있지 않은가. 지나치게 욕심 부리는 건 바람직하지 않다. 오히려 바라는 것의 20퍼센트 정도 부족하게 이루는 것이 딱 좋다. '이걸로 충분하다'고 만족하자.

100퍼센트를 달성하려면 늘 애써야 한다. 인간은 아무리 탁월한 성과를 거둬도 만족을 모르는 동물이다. 늘 '좀 더!'를 외치며 허덕인다. 그러나 어느 정도 나이를 먹으면, 마음의 짐을 내려놓을 줄 알아야 한다. 노년의 미덕은 절제에 있다. 지금껏 분발하며 살았으니, 더는 전력투구하지 않아도 괜찮다. 지금 손안에 있는 것만으로 충분하다.

물론 요즘에는 여전히 건강하고 의욕 넘치는 노년도 많다. 멋지지만, 가끔 너무 무리하는 건 아닌지 마음이 쓰인다. 노후에도 늘 발전하려는 마음이 나쁘다는 게 아니다. 다만 지나치지 않도록 잘 통제가 필요하다. 몸과 마음에 부담이 가지 않을 정도가 적당하다. 하고 싶은 일이 산더미 같아도 80퍼센트 정도로 줄여서 하나하나 천천히 즐겨보자.

의학박사이자 작가 사이토 시게타는 90세까지 장수를 누렸다. 그는 70대, 80대로 나이를 먹을수록 식사량을 70퍼센트, 60퍼센트로 점점 줄여갔다고 한다. 이것이 노후를 즐겁고 풍요롭게, 그리고 건강하게 지내는 비결이라 했다.

비우고 줄일수록 더 풍요로워진다. 이것이야말로 노련함의 경지다.

행복해서 웃는 게 아니라
웃어야 행복하다

"나도 놀랄 정도로 크게 웃었다니까. 하루 종일 기분도 좋고 술맛도 좋더라고."

손주를 따라 스탠딩 코미디 공연에 다녀왔다가 완전히 거기에 빠져버린 선배가 있다. 그는 밝은 목소리로 이런 소감을 털어놓았다.

나중에 선배의 손자에게 슬쩍 물어보니, "할아버지가 요새 통 기운이 없어 보여서, 일부러 코미디 공연에 모시고 갔어요"라고 했다. 물론 손자도 할아버지를 모시고 가면 공연표는 물론 맛있는 점심도 먹고, 할아버지의 기분이 좋으면 게임기도 사줄 거라는 기대가 있었겠지만.

계기야 무엇이든 웃을 때의 쾌감에 완전히 빠진 선배는 요즘은 혼자서도 자주 스탠딩 코미디 공연을 보러 다닌다. 그뿐만 아니라 라쿠고(해학적인 이야기를 펼치는 일본 전통의 일인 공연-역자 주)나 만담 공연도 즐겨 본다.

선배의 경우처럼, 웃음은 우리를 한층 밝고 건강하게 해준다. 과학적으로도 웃으면 면역력이 높아진다는 사실이 증명됐다. 웃어서 밝아지고 기분이 좋아지면 자연살생 세포의 움직임도 활발해진다. 이 세포는 특히 종양 세포나 바이러스 세포를 퇴치하는 능력이 뛰어나다. 웃음으로써 암이나 유행성 감기 등 각종 질병을 예방할 수 있다는 말이다.

만약 혼자서 노후를 보낸다면, 아무래도 희로애락의 감정이 줄어든다. 자기감정을 적극적으로 표현하거나 다른 사람과 나눌 일이 적기 때문이다. 아무리 재미있는 코미디 프로그램을 봐도 그저 씩 웃는 정도에 그친다.

그러나 코미디 공연이나 만담 공연에 직접 가면, 주변 사람들이 작정한 듯 마음껏 웃기 때문에 나도 같이 큰 소리로 웃을 수 있다. 배 속 깊은 곳에서부터 소리 내어 크게 웃으면, 몸도 마음이 훨씬 건강해진다. 행복을 감지하는 능력이 좋아져서, 더 많은 행복을 찾을 수 있다고 할까. 쉽게 말해, 웃음소리의 크기가 생명력의 크기를 나타낸다.

미국의 작가 노먼 커즌스는 웃음을 '일종의 내장 조깅'이라고 표현하기도 했다. 적어도 하루에 한 번은 크게 소리 내어 웃어보자.

남을 웃기면
내 기분도 좋아진다

"우하하핫!" 하고 혼자서도 크게 웃을 수 있게 됐다면, 이번에는 하루에 한 번 남을 웃기는 일에도 도전해보자.

남을 웃기는 말과 행동을 한다고 코미디언을 별 볼 일 없는 사람들로 깔보는 사람이 있다. 하지만 그 세계를 잘 아는 사람은 타인을 웃기는 것만큼 어려운 일은 없다고 말한다.

다른 사람을 울리는 일은 웃기는 일에 비하면 비교적 수월하다. 울음의 포인트는 사람마다 비슷하기 때문이다. 하지만 웃는 포인트는 완전히 제각각이다. 그 포인트를 어떻게 자극하느냐가 요령인데, 도를 지나치면 도리어 냉담한 반응이 돌아온다.

그래서 코미디언이라는 직업은 언뜻 쉬워 보일지 모르지만, 매일 그 포인트를 자극하는 연습을 게을리할 수 없다.

남을 웃기는 기술을 스스로 익힐 수 있다니 참으로 대단하지 않은가? 물론 본인은 의도하지 않았는데, 주변 사람들을 절로 웃게 만드는 사람도 있다. 그런 사람은 타고난 것이다. 처음부터 재능이 다르다고 할까.

재능이 없다면, 우선 인터넷을 뒤져 요즘 유행하는 유머나 유행어를 찾아보자. 그리고 가족이나 친구에게 써먹어 보자. 썰렁한 '아재 개그'라도 괜찮다. 바보 같아 보여도 사람들을 웃기고 나면, 자신도 덩달아 기분이 좋아질 것이다.

성격이 밝고 잘 웃는 사람은 더 건강하고 젊어 보인다. 웃음에 뇌가 자극받아 베타 인플루엔자가 대량으로 분비되기 때문이다. 베타 인플루엔자는 뇌를 건강하게 만드는 뇌 속 호르몬 중 하나다.

다른 사람을 웃기는 동안에 나 자신도 웃음의 은혜를 듬뿍 받게 된다. 면역력이 올라가고 건강해진다. 다른 사람을 웃기면 그 기쁨이 나에게 돌아온다.

힘든 고민이 있다면
그냥 두자

"사느냐 죽느냐 그것이 문제로다."

대문호 셰익스피어의 비극 《햄릿》의 유명 대사다. 작품 속 햄릿의 나이는 몇 살이었을까? 30세라는 설이 유력하지만, 연인인 오필리아가 17세이니 햄릿은 그보다 약간 많은 20세 정도였을 거라는 설도 있다. 어쨌거나 예로부터 고민은 젊은 이의 특권이었다.

하지만 어느 정도 나이를 먹으면 고민이 생겨도 잠시 내버려두는 게 좋다는 걸 알게 된다. 지금까지의 경험을 통해 어떤 문제든 고민만 한다고 해결되지 않는다는 사실을 익히 알게 되는 것이다.

고민이 있어도 구태여 깊이 생각하지 않는다. 잠시 그대로 두고, 눈앞의 일만 담담하게 하다 보면 무슨 일이든 되는 대로 되게 마련이다. 고민을 그냥 내버려 두라는 말이 무책임하다고 생각하는 사람도 있겠지만, 사실 이것은 중국의 위대한 선사의 가르침에 따른 것이다. 중국 당나라 때 승려인 혜능은 "좋은 것도 나쁜 것도 생각하지 말라"는 가르침을 남겼다. 나쁜 것을 생각하지 말라는 말은 잘 이해가 된다. 그런데 왜 좋은 것도 생각해서는 안 될까? 평범한 사람들은 의아할 것이다. 여기에 혜능 선사는 이렇게 말했다.

좋은 것을 생각하려다 보면 자기도 모르게 나쁜 것도 생각하게 된다. 그러므로 좋은 것도 나쁜 것도 생각하지 않는다. 이것이 마음을 흩뜨리지 않고 늘 온화하게 살 수 있는 자세다.

그러고 보면 '지금 더할 나위 없이 좋다'고 생각해도 바로 다음 순간, '과연 이런 상태가 언제까지 이어질까?'라는 의구심이 든 적은 없는가? 환히 비치는 달을 구름이 순식간에 가리듯 좋은 생각도 나쁜 생각으로 쉽게 바뀌고 만다.

아무것도 생각하지 않는 경지는 절대 쉽지 않다. 출가한 스님들조차 무념무상의 경지에 달하기 위해 꾸준히 좌선하지 않는가?

하지만 안심해라. 우리 같은 평범한 사람도 그 경지에 가까워지는 방법이 하나 있다. 걱정거리가 있을 때, 바로 이불을 뒤집어쓰고 잠드는 것이다.

자려고 했는데 계속 고민이 떠올라 잠이 오지 않는다면 술의 도움을 약간만 빌리자. 술을 잘 못하는 사람도 포도주나 매실주 같은 과실주는 큰 부담 없이 마시기 좋다.

잠들면 무념무상에 드는 것과 비슷한 효과를 낸다. 술 덕분에 푹 자고 일어난 아침에는 고민거리도 어느 틈엔가 사라져버린다.

끝난 일은 잊어버리자

살다 보면 후회할 일들이 생긴다. '왜 그렇게 바보 같은 짓을 했을까?', '그때 그런 말은 하지 말걸' 하며 이불을 발로 차게 되는 밤이 얼마나 많은가?

인간이 크게 좌절하거나 고통스러워하는 이유도 대개 과거에 대한 후회 때문이다. 하지만 끝난 일은 아무리 후회해도 돌이킬 수 없다. 50~60년쯤 살다 보면 인생이 되돌리고 싶어도 되돌릴 수 없다는 사실을 뼈에 사무치게 잘 알고 있을 것이다. 그렇다면 이미 끝난 일은 깨끗이 잊어버리는 것이 최선이 아닐까?

나이를 먹으면 점점 기억력이 쇠퇴한다. 슬퍼하진 말자.

사실 망각은 불필요한 마음고생이나 후회를 줄여주는 긍정적인 효과도 크니까.

작가 아카세가와 겐페이는 《노년의 힘老人力》이라는 책에서 이렇게 말한 바 있다.

> 건망증, 반복적인 말, 한숨 등 지금까지 치매의 징조라 치부했던 증상에 사실 큰 힘이 숨어 있다.

나 또한 이 말에 공감한다. 특히 건망증은 그렇게 나쁘기만 한 건 아니다. 중요한 일이나 꼭 기억해야 할 것은 부지런히 메모하면 된다. 내 친구는 거실 탁자에 늘 메모지를 둔다. 장 볼 물건, 처리할 일 등 일단 떠오르는 것은 다 메모한다. 그리고 외출 전이나 틈 날 때마다 훑어본다. 이런 단순한 습관으로도 무언가 잊는 일이 크게 줄었다고 했다.

누군가와 대화할 때 어떤 고유명사가 얼른 생각이 안 나도 상대가 비슷한 연배라면 별일이 아니다. "아, 그 사람 말이지? 나도 이름은 생각 안 나는데, 누군지 알아"라는 식으로 어떻게든 대화가 된다.

건망증이 차라리 다행일 때도 있다. 특히 둘 다 깜빡깜빡하는 동네 친구와의 관계에서 건망증은 의외의 쓸모가 있다. 서로 실례되거나 민망한 일이 있었어도, 나중에 만났을 땐 벌써 다 잊어버렸기 때문이다. 만약 기억하고 있다고 해도, 모르는 척 자연스레 넘기는 것이 좋다.

프랑스 작가 발자크는 이렇게 말하기도 했다.

망각 없이는 인생을 살아가기 힘들다.

나이를 먹으면 애쓰지 않아도 자연스럽게 잊을 수 있다. 오히려 잊어버리는 것이 자연스럽다.

그러나 나이가 들어 깜빡깜빡하는 일이 당연하다고 해서, '치매에 걸렸다'고 농담으로라도 말하지 말자. 건망증은 나이 들면서 오는 자연 현상이지만, 치매나 인지증은 뇌에 일어나는 병적인 변화다. 농담으로 웃어넘기다 보면 진짜 병증의 징조를 놓칠 수도 있다. 아무래도 좀 심각하다는 생각이 들면, 얼른 병원을 찾아 대책을 마련해야 한다.

행복을 부르는
마법의 주문

태어났을 때는 핏덩어리에 불과하던 아기도 하루가 다르게 성장한다. 누워서 눈만 끔벅거렸던 아기가 더듬더듬 입이 트이기 시작하면 가장 먼저 가르쳐야 할 말이 '고마워', 즉 남에게 감사하라는 말이다.

사람은 태어난 때부터 죽는 순간까지 자기 혼자 힘만의 힘으로는 살 수 없다. 여러 사람의 크고 작은 도움과 배려를 받으면서 산다. 하지만 나이가 들면서 이러한 사실을 소홀히 여기기 시작한다.

내 지인 중 한 사람은 배우자가 집안일을 해줘도 고맙다는 말 대신 불평부터 나온다고 한다. 일의 맺음새가 영 신통

치 않다는 것이다. 그런데 그 모습을 본 유치원생 손녀가 이렇게 말했다. "할아버지, 먼저 할머니한테 고맙다고 해야지."
   어린 손녀에게 한 수 배운 셈이다. 당신도 혹시 가까운 사람들에게 감사의 말을 게을리하고 있진 않은가?

   감사는 사람에게만 하는 것이 아니다. "요즘은 무슨 일이든 마음속 깊이 감사하다는 생각이 들어요." 이렇게 말하는 지인이 있다. 지극히 평범하게 살다가 지금은 퇴직을 앞둔 남편과 평화로운 나날을 보내고 있다. 그녀는 또한 이렇게 말한다. "나도 남편도 아직 건강하고 특별히 아픈 곳도 없어요. 얼마나 감사한 일인가요?" 날씨가 맑은 날엔 화창한 날씨에 고마워하고, 바람이 불면 시원한 바람에 감사하단다.
   이처럼 주변에 일어나는 일 하나하나에도 얼마든지 감사할 수 있다. 그런 사람을 나는 '감사의 달인'이라고 부른다. 감사의 달인이 되면, 무엇보다 스스로 행복해진다. 그리고 주변 사람에게 감사 표현을 자주 하기에, 그 말을 들은 사람도 더불어 행복해진다.
   나 스스로 생각하기에도 지금까지 나름 잘 살아올 수 있었던 이유가 다른 사람들의 도움 덕분이라는 사실을 절실하게 느낀다. 그래서 이런 마음을 될 수 있는 대로 자주 표현하려고 노력한다.

아무리 작은 일에도 '고마워'라는 표현을 잊지 않는다. 오늘 하루 나에게 힘이 된 한 그릇의 쌀밥에도, 여느 때와 같이 오늘도 무사히 지낼 수 있었던 사실에도 감사하다. 이렇게 주변에 고맙다는 말을 많이 할수록 우리 인생은 반드시 더 행복해진다고, 나는 굳게 믿는다.

나가는 말

신이 주신 최상의 선물

일본의 명배우 다카오카 쇼코는 102세까지 왕성하게 활동했다. 특히 인생의 마지막 몇 년 동안은 문학 작품 낭독에 전념했는데, 자신의 고향인 이와테 사투리로 동화 작가이자 시인인 미야자와 겐지의 작품을 낭독해 사람들에게 깊은 인상을 남겼다.

이렇게 노후에도 삶을 즐기는 사람들을 볼 때마다, 산다는 것은 얼마나 멋진 일인가 감탄하게 된다. 그리고 내게도 이처럼 멋진 인생을 살아갈 시간이 여전히 남아 있다는 사실에 가슴이 벅차오른다.

다카오카가 말년에 자주 낭독했던 시를 함께 읽어보자.

〈최상의 것〉

이 세상에서 최상의 것은 뭘까?
즐거운 마음으로 나이를 먹는 것.
일할 때와 쉴 때를 알고
말할 때와 침묵할 때를 알며
실망이 닥칠 때 희망을 다시 품고
순순히, 하지만 평화롭게 자기 십자가를 진다.

젊은이가 힘차게 신의 길을 걸어가도 질투하지 않고
때로 겸허하게 남의 도움을 받을 줄 알며
약해져서 더 이상 세상에 힘이 되지 않을 때도
친절하고 온화할 것.

노년이란 무거운 짐은 사실은 신의 선물
마음에 쌓인 더께를 마지막으로 닦아내야지.
비로소 진정한 고향으로 돌아가기 위하여.
내 몸과 세상을 잇던 사슬을 하나둘 풀어가는 것은
정말로 장한 일.

그러다가 아무것도 할 수 없게 될 때가 닥쳐도
그 순간을 겸허하게 받아들이자.

신은 최후에는 가장 좋은 일을 남겨주신다.
그것은 기도.
두 손으로 다른 아무 일도 할 수 없을 때도
최후까지 기도만은 할 수 있으니.
사랑하는 모든 존재를 위하여, 신의 은총을 위하여.

모든 사명을 마치고 나면
생의 마지막 순간에 신의 목소리를 듣게 되겠지.
'오너라, 친구여. 나 그대를 버리지 않았으니'라고.

  이 시는 신부 헤르만 호이벨스가 《인생의 가을에》라는 책에서 소개한 작품이다.
  의사라는 직업의 특성상 생사의 경계에 선 사람들을 가까이서 보게 된다. 멀쩡하던 사람이 갑작스러운 사고로 생을 마감하기도 하고, 암 말기 환자가 기적처럼 살아나는 모습도 봤다. 상식으로 잘 설명되지 않는 일들을 접할 때마다, 눈에 보이지 않는 존재의 힘을 느낄 때가 있다.

위의 시에서 특히 마음에 와닿았던 부분은 '노년이란 무거운 짐은 사실은 신의 선물'이라는 구절이다. 많은 이가 꺼리는 노년을 오히려 선물이라 표현한 게 정말 인상 깊었다.

누구나 지금까지 살아오면서 결코 즐거운 일만 있지는 않았을 것이다. 그렇기에 신은 우리에게 무거운 짐에서 벗어나 마지막으로 자유롭고 행복하게 살 수 있는 '노년'이라는 시간을 선물해준 것이 아닐까?

그러니 노년에는 최대한 즐기며 살자. 그러지 못한다면, 대체 무엇 때문에 젊은 날의 고난들을 견뎌왔겠는가? 마지막으로 신의 부름을 받는 그날까지, 주어진 시간을 편하게 받아들이면서, 하루하루를 소중히 여기면서, 있는 모습 그대로 살아가자.

이러한 태도로 노년을 준비한다면, 인생은 틀림없이 언제 어디서나 행복한 축제 그 자체가 될 것이다.

옮긴이 황혜숙

번역이란 단순히 언어를 옮기는 것이 아니라 문화를 옮긴다는 마음가짐으로 작업에 임하는 번역가. 시드니의 화창한 날씨 속에서 해가 갈수록 더해지는 번역의 즐거움을 만끽하며 살고 있다. 건국대학교 일어교육과와 뉴질랜드 오클랜드 대학 언어학 석사를 취득했으며, 현재 번역 에이전시 엔터스코리아 출판기획 및 일본어 전문 번역가로 활동 중이다. 주요 역서로는 『50, 이제 나를 위해 산다』, 『어긋난 대화 1분만에 바로잡는 45가지 기술』, 『일할 때 가장 많이 써먹는 수학』, 『에픽테토스의 인생 수업』, 『세상 모든 이기주의자에게 우아하게 복수하는 법』 외 다수가 있다.

인생은 숙제가 아니라 축제입니다

초판 1쇄 인쇄 2025년 11월 11일
초판 1쇄 발행 2025년 11월 19일

지은이 호사카 다카시
옮긴이 황혜숙

편집 김대한
디자인 studio forb
제작 (주)공간코퍼레이션

펴낸이 홍정희 **펴낸곳** 알키미스트
출판등록 2024년 9월 9일 제2024-000121호
이메일 alchemist.txt@gmail.com
인스타그램 @alchemist.press

ISBN 979-11-990376-3-2 (03810)

· 책값은 뒤표지에 있습니다
· 파본은 구입하신 서점에서 교환해드립니다.
· 이 책은 저작권법에 의하여 보호를 받는 저작물이므로 무단 전재와 복제를 금하며, 이 책 내용의 전부 또는 일부를 이용하시려면 반드시 저작권사와 출판사의 서면 동의를 받아야 합니다.